有錢人的自動賺錢術

作者◎歐陽姚

Everybody's guide to be rich

財經雲 06

有錢人的自動賺錢術

出 版 者 / 雲國際出版社
作　　者 / 歐陽姚
總 編 輯 / 張朝雄
封面設計 / 陳冠傑
排版美編 / YangChwen
內文插畫 / Even
內文校對 / 李韻如
出版年度 / 2013年4月

郵撥帳號 / 50017206 采舍國際有限公司
　　　　（郵撥購買，請另付一成郵資）
台灣出版中心
地址 / 新北市中和區中山路2段366巷10號10樓
北京出版中心
地址 / 北京市大興區棗園北首邑上城40號樓2單
　　　元709室
電話 / （02）2248-7896
傳真 / （02）2248-7758

全球華文市場總代理 / 采舍國際
地址 / 新北市中和區中山路2段366巷10號3樓
電話 / （02）8245-8786
傳真 / （02）8245-8718

全系列書系特約展示 / 新絲路網路書店
地址 / 新北市中和區中山路2段366巷10號10
電話 / （02）8245-9896
網址 / www.silkbook.com

有錢人的自動賺錢術 / 歐陽姚著. --
初版. -- 新北市 : 雲國際, 2013.01
面；　公分

ISBN 978-986-271-313-6（平裝）
1.理財 2.投資

563　　　　　　102000017

小資男、女向「錢」衝，
用＋ － × ÷把錢變大

現代年輕人很可憐，不知為何而戰，也不知如何戰？甚至，連戰場在哪都找不到？無論大學畢業生的22k，或是國人平均薪資的45k，都居亞洲四小龍之末。

不過，雖然薪資是「死」的，幸好人類的腦袋是「活」的。只要善用＋、－、×、÷，這幾個數學方法，就可以把資產變大。

這套方法是：

◎ 用加法～存錢　　◎ 用減法～消費

◎ 用乘法～投資　　◎ 用除法～還債

也就是依循賺錢、存錢、省錢、錢滾錢的步驟，就能把錢變大。

暢銷書《有錢的祕密》作者之一約翰·布列南（John J. Brennan）表示，定期定額儲蓄的重要性，遠超過「投資」和「節稅」。因為定期定額儲蓄，很少會讓人一蹶不振，而且對情緒有助益，可獲得滿足和成就感。

用減法消費，就是以收入－儲蓄＝支出。

每個人都有自己省錢的撇步。萬一，真的不夠用，就要增加其他收入，兼差、打工、寫程式、撰稿、當家教……都是可行方法。

想當有錢人，一定要先揮別負債。如果負債10萬元，拿到獎金5萬元，要記得先拿去還債，還掉5萬元，負債立刻就減少1/2。以除法還債，可以快速還清債務。

儲蓄是用「加法」累積金錢，投資則是用「乘法」放大財富。不過必須記得，投資有風險，不等於理財的全部。最好只拿出部份資金做投資，讓小錢發揮「錢滾錢」的投資威力。

最近國外流行一個「神奇公式」。假定有一位年輕人，從現在起每年定期存款1.4萬元，享受平均20%的利率，如此持續40年，財富可以積累為1.4萬元×（1＋20%）×40年＝1.0281億。

台灣也有金融機構，曾經試算一個公式，只要初始投資5萬元台幣，放在年報酬10%的標的上，經過40年，本利合就有2,262,962；若是拿出10萬，同樣條件，40年竟然滾出高達4,525,925的績效。

上述這二個公式，理論上都對。不過真正困難是執行面：

一、能不能持續投資40年

二、每年都能找到報酬10%的投資標的

其中第二點，又比第一點困難幾百倍！

投資需要不斷學習，若能同時吸取「贏家」經驗；則獲勝機率自然大增！

長期投資複利績效表

投資時間	年報酬率	5萬元本利和	10萬元本利和
10年	10%	129,687	279,374
20年	10%	336,374	672,748
30年	10%	872,470	1,744,940
40年	10%	2,262,962	4,525,925

Contents 目錄

Contents 目錄

第一章

債券發燒
倒吃甘蔗二頭甜

有「歐洲巴菲特」之稱的投資大師搏多，雪佛曾說：想要吃得好，就買股票；想要睡得好就買債券、不動產；想要吃得好又睡得好，就要重視資產配置。

債券是什麼？

在違約率普遍偏低的情形下，挾著穩健的配息、淨值波動產生的利差，以及匯兌收益等優勢，成為「倒吃甘蔗，兩頭甜」的熱門商品。

　　債券是什麼？簡言之，債券就是發行機構向投資人借錢，然後約定一定期間內償還，並給付若干利息。依發行機構不同，債券又分為：政府公債、公司債、房地產抵押債、可轉換公司債以及金融債……。

　　政府公債包括：中央政府公債、地方政府公債、成熟市場與新興市場政府公債，至於，公司債又分為有擔保公司債，以及無擔保公司債…

　　基於一般債券面額較大（通常10萬美元起跳），因此一般投資人，大都透過債券基金模式申購，本書也將以「債券基金」為討論內容。

債券種類繁多 風險不一

債券評等等級是以違約的機率高低來分級，等級越高，代表違約的風險愈低；反之，等級愈低，代表違約的風險隨之升高。等級由高至低依次為AAA、AA、A、BBB、BB、B、CCC、CC、C、D。AA至CC各級均可再以「＋」、「－」號細分。通常3B等級以上的債券被歸類為投資級，2B等級以下則視為投機級。

目前全世界同時獲得穆迪、標普與惠譽公司給與3A信評的只剩下九個國家，其中歐洲有六國。分別是：英國、丹麥、芬蘭、荷蘭、挪威與瑞士，其餘三國為加拿大、新加坡與澳洲。

3A信評國家

國家	當地貨幣長期		
	穆迪	標普	惠譽
澳洲	Aaa	AAAu	AAA
加拿大	Aaa	AAA	AAA
丹麥	Aaa	AAA	AAA
芬蘭	Aaa	AAA	AAA
瑞典	Aaa	AAA	AAA
英國	Aaa	AAAu	AAA
挪威	Aaa	AAA	AAA
瑞士	Aaa	AAAu	AAA
新加坡	Aaa	AAAu	AAA

至於，美國則是在2011年被調降一個評等，成為2A國家。3A等級代表違約的風險極低，因此給付的利率也相對較低，通常都是一些成熟型國家級債券。這類債券的主要客戶，多為國家、專業機構，以及一些高資產投資人，利息不是唯一的考量，主要考慮投資組合的保本能力或是做為資產配置。

債權人與股東的差異

投資一家企業股票，等於成為該企業股東，享有參與股東會議的權利（一般投資人持股比例太少，不可能參與企業經營），當企業營運獲利，股東有機會獲得配股或配息。

若是企業經營不善，股價通常會出現折損；萬一企業不幸倒閉，經過清算，若是還有剩餘資產，必須優先償還債權人，最後才輪到股東。

債券則不同，購買某一國家或某一企業的債券，就成為該國或該企業的債權人。依發債當時所設條件，每一段時間債權人可以獲得若干利息（當然債券本身也會有波動）。

但最主要收益還是「利息」，至於發債機構經營獲得的利潤，債權人是無法享有的；萬一發債機構（國家、企業或金融機構）倒閉，債權人有權優先分配剩餘資產。

債券賺什麼？

> 由於債權是可轉讓的，債券發行之後，便可以在次級市場交易，就像股票一樣。

在原始的設計中，投資機構發行一檔債券，向投資人籌資（借錢），投資人買了債券，等於將資金出借給發行單位，同時也取得了債權。

待債券發行時間（一年、二年或三年不等，有些公債發行時間甚至長達十年、二十年）一到，發行機構就必須拿出資金將債券贖回；另外還必須給付當初承諾的利息。在以往投資債券最主要的獲利來自「利息」。

債券二頭甜

由於債權是可轉讓的，債券發行之後，便可以在次級

13

市場交易，就像股票一樣。投資人買進一檔股票後，這檔股票的產業有沒有前景，公司獲利能力如何，是股價會不會上漲的主要因素。

債券會不會漲的關鍵則是在於「利率」。當一個市場投資氣氛不理想時，例如：股票表現不好，房市萎靡，一般定存利率又太低時，只要債券利率高於一般市場利率，就會受到投資人追捧。

這也是2010年之後，投資市場一片萎靡聲中，債券大好的原因。也因此，才會有「股票表現好、債券就不好；股票表現差，債券出頭天。」的說法。

如果一檔債券，信評好、利率又高，自然會受到投資人追捧，如此一來債券淨值便開始走揚。

大雄買進某檔債券，買進價格為100元，過了一年時間，該檔債券淨值漲到120元，大雄順手賣出，就有20元利差。若是該檔債券為配息債券基金，大雄除了價差，期間還有機會領到配息。

投資債券除了債券票面利率收益，在市場利率浮動下，基金經理人也可短線進出操作，藉以套利賺取利差；甚至債券也會因當地國貨幣的升值，而產生第三種匯兌收益。

固定配息「息」從哪裡來？

一般債券型基金的配息方式有三種：

一、不配息，利息滾入本金，繼續加碼投資。

二、有賺錢才配息。

三、不論賺不賺錢，每月（每季或每年）固定配息。

第一和第二類比較沒有問題。如果投資人選擇的是「固定配息基金」，就必須把基金內容搞懂。

很多投資機構在替客戶做退休規劃時，都會推薦月配息基金。理由是：「每月有配息可領」。至於，配息是怎麼來的，則很少著墨。

債券型基金的配息，有些是只配債息、有的會將處份得來的資本利得拿來配息、有些甚至是從投資人的基金淨值中，撥出部分來配息。

至於，為什麼會從基金淨值中，提撥部分來配息，原因不一。舉例來說：一檔債券基金的投資標的可能包含了全球債券基金、投資級公司債基金、現金、新興市場債券基

金、附條件債券、存放金融機構、買斷債券……萬一其中某些債券發生問題（例：違約），就會影響整體收益，甚至可能產生虧損。

基於是固定配息基金，所以只能權宜的從債券淨值中，撥出部分來配息。這種配息方式，等於是拿投資人的本金，配息給投資人。說得白一點，就是「羊毛出在羊身上」。此外，頻繁的配息也可能會增加作業成本，不見得對投資人有利。

近一年配息後績效逾5%之配息基金

債券基金	投資績效
PIMCO新興市場債券基金	11.61
ING（L）Renta新興市場債券基金	11.32
安本環球－新興市場債券基金	9.24
富達基金－新興市場債券基金 月配息	9.03
美盛西方資產新興市場債券基金	8.76
PIMCO－新興市場債券基金	8.07
摩根新興市場債券基金 月派息	7.20
先機新興市場債券基金	7.09

※單位：新台幣 ※資料來源：LIPPER ※2012.7.19

一種債券
二樣情

通常「信評好的債券、利率低；利率高的債券，信評較差」。

　　舉例來說：「台電」是台灣債券市場中，最大的公司債發行機購，即使是無擔保的普通公司債，利率都極為低廉，原因就是信評好。其餘像：中鋼、中油，或台積電等績優企業，發債利率也都很低。

　　以：台積電和頻頻虧損的的X晶，同時發債為例。台積電101年第四次發債，十年期債券利率只有1.43％，七年期票面利率，甚至只有1.31％。

　　X晶若要發債，可能利率提高一倍至3％，還是沒人敢問津。原因就在於X晶違約風險高；萬一屆時X晶無法償債，投資人就會「因小利、賒大本」。

不僅企業發債如此，就連國家公債，也出現一種債券、二樣情。2012年歐元區的德國與西班牙同時發行公債，西班牙國債殖利率飆破7％，卻還是沒有人敢買；另一方面德國公債即使出現負利率，投資人卻還是搶破頭。

對於瀕臨破產的西班牙，倒債風險大於高殖利率的吸引力，以投資為目的，當然不願意當傻瓜；除了IMF或其他歐元區國家，基於共同經濟因素，不得不買。

至於，德國公債情形又不一樣，德國標售兩年期公債，得標利率首次出現負利率；但還是搶購一空。投資人或許會好奇：「賠本的生意，為什麼會有人願意做？」

有一種可能的原因，就是投標機購認為「歐元區一定會解體」。屆時，德國貨幣「馬克」則將重現江湖。雖然「兩年期公債」是以負利率標到，不過買家支付的是歐元；等債券到期時，歐元區已瓦解，德國將會支付「馬克」，將債券贖回。

投標機構認定未來的「馬克」與「歐元」中間一定有匯差可賺，而且匯差將大於投標債券時，所支付的利息。所以才會出現負利率債券，也搶翻天的情形，看在希臘、西班牙等債台高築，急需用錢的國家眼中，心裡一定很不是滋味吧！

高收益債
不能說的秘密

「利率超高，信評卻最差」，這類債券還有另外一個名稱，就叫「垃圾債」。

幾年前去泰國旅行時，有一個行程是參觀「大象馬戲」。一群人被安排到一個簡陋的劇場，節目開始，馴象師在舞台上揮舞著小皮鞭，指引著大象或站或立。

至於，節目的最高潮，則是徵求自願的來賓數名，以每每間隔一小段距離的方式，平躺在舞台上，然後馴獸師指引著大象，一步一步跨過橫躺在地上的觀眾。聽話的大象，依照馴獸師的指示，順利完成表演；觀眾抱以熱烈的掌聲，參與表演的來賓，則得到象徵性的小禮物。

當時聽到主持人在徵選自願參加的來賓時，感覺就有點啼笑皆非。「大象」不是一種不可能完全被馴服的動物

嗎？萬一，表演途中大象突然「發狂」，馴獸師又控制不住，那些躺在地上的自願來賓，豈不是會被大象重達幾百公斤的腳力，踩得肚破腸流？當下就決定不當自願來賓，也制止同來的親友前往；對於興致高昂的「團友」們，只能私下為他們禱告。

大象就像「高收益債」，馴獸師則似「操盤經理人」，投資人就是躺在地上的「自願參加者」。萬一大象發狂，馴獸師又控制不住，最倒楣的當然是「自願參加者」。

高收益債「熱銷」

這幾年市場上最「熱銷」的債券基金，莫過於高收益債基金。2011年在台熱銷前五大類境外基金類型，分別為：1、全球高收益債。2、原物料／能原（股）。3、北美（股）。4、美元債。5、美元貨幣市場基金。

據晨星研究資料統計，2000年以來，淨流入高收益債基金金額，逐年增加，從二位數，增至三位數，成長幅度以倍數計。

JP美國高收益債券指數，光是2012上半年就漲7.2％（同一時間台股只漲了3.8％。）中又以CCC等級表現最佳，上漲約11％，B等級及BB等級各上漲約7.3％及

5.5％。從殖利率觀察，目前CCC等級的殖利率約在12％，B級與BB等級殖利率約7.21％及5.21％

「利率超高，信評卻最差」，投資人會不會覺得這類基金好眼熟ㄛ？想起來了嗎？這類債券還有另外一個名稱，對了！就叫「垃圾債」。通常信評2B等級以下的債券，因為違約風險高，信評不好，必須以較高的利率發行債券，所以被稱為「垃圾債」。

跟垃圾一樣的債，為什麼會得到投資人的青睞？投資人有沒有想過，或許在大多頭時代，整體經濟條件OK，高收益債的違約機率或許不太高；但是，只要經濟反轉，市場大幅修正時，企業違約率升高，高收益債很可能出現幾十趴的跌幅，屆時再高的收益，也無法彌補投資人的損失。

2000年以來淨流入高收益債基金金額

年度	淨流入金額	年度	淨流入金額
2000	-63	2006	55
2001	132	2007	51
2002	163	2008	53
2003	329	2009	319
2004	-21	2010	125
2005	-88	2011	156

※單位：億美元　※資料來源：JP Morgan

從**希臘**債券**減記** 談**債券風險**

歐債危機雖然暫時解除；但是債權人卻損失慘重，債務減記53％，等於債權縮減一半，誰也想不到印象中穩健的「債券」，「殺傷力」竟然如此巨大！

　　「歐債事件」風風雨雨鬧了好幾年，2012年第一季，歐元區國家經過冗長會議後，終於趕在希臘債券違約前，再度貸給希臘1,300億歐元（2010年5月貸出1100億歐元），暫時解除風暴；同時啟動債務減記方案，針對持有約2,000億歐元，希臘國債的債權人，進行53.5％的減記。

　　歐債危機雖然暫時解除；但是債權人卻損失慘重，債務減記53％，等於債權縮減一半，誰也想不到印象中穩健的「債券」，「殺傷力」竟然如此巨大！

　　希臘債務最後以「減記」而非以「違約」收場，應該是各國政治、經濟角力的結果；有權者基於各自利益，擅自

更改遊戲規則，投資人反對的能力有限，大概只能摸摸鼻子自認倒楣。

雷曼債券～投資人心中永遠的痛

時間回到2008年9月15日，那一天美國華爾街氣氛格外凝重。原來是世界數一數二，擁有100多年歷史的「雷曼兄弟」投資公司，宣布破產。

世界各國都一樣，大多數的人如果想要投資房地產，都必須向銀行借錢。不過「借與不借」的生殺大權，可是操之在銀行手中。對於信用較好，有穩定的工作、無不良信用或違約紀錄者，銀行通常會核准貸款。至於，一些信用不良者，往往就被拒於門外。

誰知道天真（或別有用心）的專業機購，竟然發展出一種「專門借錢給信用不良者」機購，也就是「次級房貸」的由來。

為了分攤次級房貸的風險，業者又將這些貸款（債權），組合成一個全新的金融商品，然後賣給債券市場的投資人。

以債券相關產品著稱的雷曼兄弟，自然也不會錯過這

一次賺錢機會。企業內就有一家NBC Mortgage 專門負責承做次級房貸。

經過不斷的轉賣，以及貪婪的企業利益，這個「債權」像滾雪球一樣，越滾越大，終於在2008年9月15日轟然引爆。

除了百年老店「雷曼兄弟」瞬間毀於一旦，也把投資人炸得遍體鱗傷。一直到事情「攤在陽光下」，投資人才恍然大悟，原來債券竟然能衍生出這麼大的風險。

事情經過四年後，雷曼將剩餘資產變賣，剩於資產賠償給債權人。美國投資人大約只拿回相當於原始投資金額的27%，損失七成多；台灣投資人更慘，扣掉跨國訴訟、行政等費用，大約只拿回相當於原始投資金額的15%，可謂損失慘重！

高收益債大都是一些信評BBB級以下債券，雖然目前沒有爆發違約；但也不表示絕對不會違約，萬一真的違約，風險可能不會小於「雷曼事件」。

目前市場對「相關高收益債券」一片看好。有基金經理人舉出「S&P 500指數與全球高收益債指數的漲幅，認為單是指數漲幅，高收益債就已打敗股票」。

　　或是有專家表示：長期來看，風險性資產的評價水準相對低，尤其低利率環境使得安全性資產（如公債）不具吸引力，各國央行政策料仍保持極度寬鬆，將有利風險性資產表現。

　　在一片利多的美化下，大家忽略了所謂的高收益債其實是「垃圾債」的變身。投資人就好像收到一個繫上了粉紅色的蝴蝶結的禮盒，誤以為裡面裝的是一個美麗的禮物；殊不知，其實是一顆不定時炸彈，何時會爆炸，雖然不清楚，但是不可否認，風險極高。

　　攤開高收益債的投資標的，會發現大都是債評不好的債券。如果投資人買債是為了安全，這類債券的風險其實大過股票；雖然直至目前，高收益債都沒有爆發違約事件，但也不表示未來不會發生。

小叮嚀

高收益債大都是一些信評BBB級以下債券，雖然目前沒有爆發違約；但也不表示絕對不會違約，萬一真的違約，風險可能不會小於「雷曼事件」。

只看**獲利**，忽略**風險**

美國推出QE3後，資金尋求更高報酬的資產標的，高收益債與新興市場持續吸金，成了最大受惠者。

全球低利率時代，資金積極尋找回報率較高的金融商品，收益率不錯、對經濟敏感度較股票低的高收益債，自然成為投資人關注對象。

美國推出QE3後，資金尋求更高報酬的資產標的，高收益債與新興市場持續吸金，成了最大受惠者。

摩根環球高收益債券基金經理人羅伯·庫克（Robert Cook）即曾表示，金融海嘯期間，高收益債基金淨值曾經一度大幅滑落，但後來在企業去槓桿、積極強化財務體質後，得到投資人認同並在資金競逐下，高收益債目前不但已完全收復海嘯中跌幅，甚至再創高點。

與全球股市相較，MSCI世界指數從2008年6月迄今下跌14.29％，但JPMorgan高收益債指數同期間卻大漲55.38％；此外，亞洲高收益債也從2008年中起表現，遠遠超過亞股。

正因高收益債基金是個大吸金器，不管國內投信或者境外基金總代理近期都強打「高收益債」基金。下面就以三張圖表進行交叉比對。

（表一）是各類債券績效近五年績效，高收益債雖然近二年績效不錯，排名2、3。

若將時間拉長，（表二）2000年以來新興市場公債表現，無論在總投資回報、資本利得／損以及累計利息收入三方面，都優於高收益公司債。

若再比照高收益債基金波動風險（表三），就會發現風險更高。高收益公司債經過各項評比之後，投資價值立刻下降。

表一：五年定期定額債券基金TOP10

基金類型	一年	三年	五年
全球新興市場債－強勢貨幣（180檔）	7.97	14.37	27.46
美元高收益債（94檔）	6.45	11.20	23.11
全球高收益債（146檔）	5.79	10.28	20.98
德國通膨連結債（4檔）	3.82	17.43	20.34
亞債（57檔）	5.39	8.74	20.03
美公司債（20檔）	5.25	10.10	19.48
全球公司債（24檔）	5.16	8.14	17.72
德債（10檔）	5.76	15.09	16.83
日債（7檔）	1.26	6.33	14.99
美元通膨連結債（7檔）	3.29	10.79	14.56

※資料來源：LIPPER ※統計至：2012.8.31

表二：2000年來新興市場公債、高收益公司債報酬率狀況

	總投資回報（1）	資本利得／損（2）	累計利息收入1-2
全球新興市場公債	255.9%	34.9%	221.0%
全球高收益公司債	146.0%	-15.4%	161.4%

※資料來源：Bloomberg、美林債券指數 ※資料日期：2012.7.31

表三：高收益債基金波動風險比較

報酬率/波動風險%	一年	二年	年化波動風險
富蘭克林坦伯頓公司債基金	9.80	11.28	8.29
貝萊德美元高收益債券基金	9.50	12.29	8.46
瀚亞美國高收益債券基金	8.70	10.22	8.64
富達美元高收益債券基金	8.65	11.40	9.07
聯博全球高收益債券基金	8.33	9.36	9.52
鋒裕環球高收益	5.30	8.77	9.74
摩根環球高收益債券基金（歐元對沖）	-4.49	5.21	18.44

※資料來源LIPPER※台幣計價至2012.7.17
※波動風險為原幣三年期※年化值至2012.6月底

註：

高收益債歷史平均違約率為4.2%。美國2012年9月高收益債違約率為1.83%，根據摩根大通預估，至2014年年中，高收益債違約率將維持2%左右。市場有二派看法：一方認為違約率仍維持低檔區；另一方則預估風險持續增加。

看**專業機構**，
如何**買債**

他山之石可以攻錯 看專業機構如何搶債！

　　專業機構與散戶搶債券類型是有分別的；專業機構專搶好債，投資人則偏愛垃圾債。

　　由於歐債危機讓股市震盪加大，風險意識隨之提升，不少券商債券部位已高於股票，自營部也建立更高的債券部位來規避風險，讓債券成為市場投資主流。

　　包括元大金、開發金、富邦金、國泰金、永豐金、第一金、日盛金等七家旗下有證券商的金控，都開始加強布局債券。2012年7月以來，買進「高評級公司債」金額合計近300億元，創下近期新高。

買債標的包括：南亞、台塑化、台化、中鋼與台積電……無擔保公司債。

由於各機構競標，債券供不應求，公債和高評級公司債，價格也不斷被推高，南亞塑膠2012年7月底發行的無擔保公司債，五年期和七年期利率只有1.25％和1.37％，創下台塑集團2012年發行公司債利率新低；但還是造成搶購。

細看國內金控，捨去自家投信發行的高收益債，卻布局國內績優企業，雖然是無擔保公司債，但是違約機率相對較低，即使殖利率不高，還是受到金控青睞。

由此可見金控買債是以穩健為主，而非賺取利差；與投資人偏愛高風險的高收益債，有所不同。下表是：美壽險公司投資項目，其中信評較佳的投資等級企業債最受青睞。

投資等級企業債	45%
資產抵押債	11%
結構債	21%
機購擔保債券	8%
主權債	4%
現金	11%

※資料來源：J.P.Morgan　※2012.3

債券天王；口袋裡裝哪類債

太平洋投資管理公司（PIMCO）共同投資長，有債券天王之稱的葛洛斯（Bill Gross）

掌管2,700億美元的總報酬基金（Total Return Fund）投資組合裡，迄2012年7月底，持有最多的是抵押貸款證券，其次是美債。

持有美債的理由是「美國能針對歐債危機與全球經濟放緩等情況避險」。不過，他也擔心美國長期通膨風險。建議買進五到七年期美國公債，賣出十到三十年期美債，以避免聯準會的貨幣政策，傷害長年期美債表現。

從報導中，雖然看不出債券天王有沒有投資「高收益債」；不過由前二大持股「抵押貸款證券以及美債」，可得知，即使天王有購買「高收益債」，比例也應該不會太高。

此外，從歐債爆發危機開始，債券天王葛洛斯便對於歐元區的未來感到悲觀，與太平洋投資管理公司（Pimco）其他基金經理人，看法一致，絕對不碰歐債。

一直到歐洲ECB確定出手買債定案，葛洛斯才陸續買進，西班牙與義大利的政府公債。

至於，葛洛斯購購買歐債的原因，是看準ECB正式進場後，一定會壓低債市殖利率，屆時將刺激歐債價格上漲，將有利可圖。

不過，即便是反手買進歐債，這類非美國的已開發國家政府公債，占葛洛斯總回報債券基金的資產比重仍偏低，根據Pimco網站的資料，這類債券資產比重只從6％微升至7％。

總回報債券基金，持有的最大資產仍是美國房貸抵押證券（MBS），資產占比高達50％。不過，葛洛斯顯然也押對寶，因為美國聯準會（Fed）旋即宣布啟動，第三輪量化寬鬆（QE3），購買標的正是以MBS為主。

同時間，葛洛斯又認為Fed量化寬鬆貨幣政策，勢將造成通膨上揚，進而侵蝕美債價值。因此大砍美債，總回報基金美債持有比重，調降10％以上。

貨幣寬鬆；債券有利

目前市場有二大利多，一是歐洲央行（ECB）加大購買西班牙及義大利債券的力道。其二是美國聯準會持續推出量化寬鬆（QE），沒有時間表，也沒有金額上限。整體而言，貨幣寬鬆，對債券有利。

不過，由於歐債改革仍有賴單一銀行監管機制與銀行同盟的推進，才能完成歐盟與銀行體系的結構重整，歐洲要走出困境，恐仍須多年努力。

至於，美國實施量化寬鬆後，原物料價格將走揚，可能引發的通膨疑慮，也是需要提防的變數。不過，只要是利率環境偏低，企業生存率就會大幅升高，這對於企業債券極為有利，也是信用債券未來比股票，更具優勢的關鍵原因。

兩次QE實施期間債券基金表現

QE	QE1	QE2
實施時間	2009/3~2010/3	2010/11~2011/6
歐元高息債券	69.26	0.74
環球高息債券	39.86	-0.53
美元高息債券	38.92	-1.24
環球新興市場強勢貨幣債券	32.73	-3.84
環球新興市場當地貨幣債券	31.46	-1.85
歐洲新興市場當地貨幣債券	31.52	-2.01
亞太區債券	27.01	-3.35
環球可轉換債券	28.02	-0.57
歐元企業債券	20.04	-1.31
美元企業債券	16.62	-4.53

※資料來源：Lipper ※台幣計價 ※單位：% ※統計至：2012.8.22

三招挑出好債券

各類債券基金表現參差不齊，該如何挑出好的債券基金，由近十年「年年正報酬之債券基金」，可找出蛛絲馬跡。

國內核備債券型基金有二百多檔，不過各類債券基金表現參差不齊，該如何挑出好的債券基金，由近十年「年年正報酬之債券基金」可尋找出蛛絲馬跡。

第一招：具有信評調升機會的亞洲債券

亞洲國家體質強健、政策彈性較高，基本面優勢，更能提供較佳的收益空間。目前亞債殖利率約4～8％，搭配違約率偏低，持續吸引資金流入。

根據彭博統計，過去十二年全球股票的年化報酬率為－2％；但是亞債年化報酬卻達8％以上，明顯優於股

票。再加上近年亞洲債券違約率持續下降，於2011年更處於近乎零的低違約率，投資價值浮現。

金融海嘯之後，亞洲國家財政體質普遍較為健全，政府公債占GDP比重多半低於50％，低於已開發國家的100％以上。再加上十年期政府公債平均殖利率，以及亞洲美元債券的殖利率都高於3％，比歐、美、日都高出許多。

尤其是亞洲類主權債券及銀行債券，像是電力、公用事業公司債券，利差比政府公債多了50～100個基點，至於

近十年，年年正報酬之債券基金（2008年除外）

年度	環球新興市場強勢貨幣債券	美元高息債券	亞太區債券
2002	12.8	0.10	13.64
2003	1.25	1.92	0.44
2004	11.34	9.37	6.65
2005	11.49	1.12	4.86
2006	11.00	9.36	10.58
2007	5.09	0.94	4.52
2008	-18.50	-26.43	-16.35
2009	35.63	47.64	29.58
2010	11.29	13.68	13.38
2011	2.88	0.90	0.44
2012	10.70	8.78	7.74

※資料來源：LIPPER　※台幣計價　※統計至2012.9.4

銀行債券，也比政府公債多出了100～150個基點，都具有投資價值。大陸、香港、韓國等地企業債，多為新興國家龍頭銀行，具有官方（半官方）色彩，信評也以投資級居多。

另外，香港點心債（人民幣境外發行債券）也值得關注。由於，許多歐美大型企業想增加人民幣部位，因此紛紛到香港發行點心債，而且來的都是一些評級高等的公司，對人民幣長線來說，具有貨幣升值的潛力。

另外，金管會也取消國內投信基金及全委資產投資大陸地區有價證券。由原來的基金淨值三成，放寬至百分百。也就是說，國內基金投資大陸、港澳地區有價證券，視同投資外國有價證券（股票），此後無限制，國內投資人，投資人民幣債券基金，再也不用繞道而行了。

新興市場債殖利率及多頭時期表現

項目	整體新興市場	拉丁美洲	亞洲	歐洲
目前殖利率	4.83%	5.22%	3.81%	4.62%
2002 ～ 2008漲幅	103%	127%	66%	100%
2008 ～ 2012漲幅	113%	119%	115%	111%

※資料來源：Bloomberg ※資料日期：2012.7.31

「瀚亞環球」建議，現階段債券投資，要靠「明日之星」來增加收益，然後搭配AAA等級的債券來降低波動，建議投資人還是以具有信評調升機會的亞洲債券，特別是當地貨幣計價的債券為主。一來亞洲國家信評上調趨勢明顯，二來亞洲貨幣有長期升值的趨勢。

人民幣債券「夯」

大陸經濟快速成長，中國債券表現穩定，加上人民幣波動幅度小、穩定升值的趨勢，讓人民幣債券更上一層樓。中國債市在亞債指數占有舉足輕重地位，2012年前6個月，點心債（包含銀行發行之存款憑證）不論是規模或承銷量，都創歷年新高，點心債規模高達3,640億人民幣。

隨著兩岸貨幣清算機制上路，人民幣與新台幣存款高利差誘因，使得在市場上，十分搶手的中國點心債更「夯」。目前，全球央行寬鬆利率方向未變，低利率環境營造債市投資利基，資金持續淨流入新興市場，投資氛圍有利亞債和中國資產，資金行情可望延續。

美元亞債投資防禦兼具

自2008年金融海嘯以來，新興市場匯率波動大，連帶影響當地貨幣債累積報酬。反觀，美元新興債不但累積報酬

較高、波動度卻更低，無懼新興貨幣的匯價起伏，投資人可以避免「賺利差、賠匯差」的風險。

參與亞債投資市場長達約十八年的法巴L1亞洲（日本除外）債券基金經理人指出，目前亞債與美國投資級公司債利差為119個基本點，明顯較2006～2007年僅10～30個基點高，強勁基本面支撐下，利差仍有收斂空間。

 投信發行點心債持股內容

基金名稱	五大持債類別
惠理康和 中國點心高收益債	金融、工業、不動產、能源、景氣循環
宏利中國點心高收益債 （美元計價）	公用事業、景氣循環、工業、非景氣循環、多元產業
匯豐中國點心高收益債	非必要消費、金融、工業、必須消費、基礎建設
元大中國高收益點心債	金融、多元、公用事業、基礎材料、能源
宏利中國離岸債券	金融、主權機構債、政府債券、景氣循環公用事業
永豐中國高收益債	循環性消費、多元金融、銀行、公用事業、不動產

※資料來源：Cmoney ※截至：2012.9.20

第二招：選擇強勢貨幣

資源國家的政府債券，不僅債息高、國家債券評等高，就連國家的貨幣也強勢。在利率高於其他國家，出現利差的吸引下，更能帶動匯率升值；而強勢貨幣對該國債券表現也有極大貢獻，是資源國家的債券能擁有較高收益的另一主因。

此外，強勢貨幣也可以規避匯兌損失，減少報酬收益的風險，甚至產生匯兌收益。以長期角度來看，強勢貨幣，具有長線升值潛力，是長期投資的最佳標的，加上還能提供較高的配息率，成為新的主流投資標的。

尤其是QE3實施後，美元走貶，全球包括巴西、俄羅斯、德國、南韓等多達二十三國央行，持有澳幣作為外匯存底，將有助支撐澳幣漲勢。

主要投資級債券指數殖利率

資產	平均信評	平均殖利率	歷史低點	距歷史低點
投資級境外人民幣債券	A＋	3.38	1.91	1.47
美國A級債券	A~BBB	3.32	3.23	0.09
美國投資級債券	BBB－	3.66	3.59	0.07
亞洲投資級債券	BBB＋	3.69	3.35	0.34

※HSBC Bloomberg ※2010.12.31～2012.8.30

澳幣計價債券基金彈力十足

根據Bloomberg統計過去十年，澳幣與美元利差最低0.5％，最高5.25％，目前仍有3.25％利差，成為澳幣級別債券基金，受青睞的主要原因。彭博資訊統計，澳幣及美元三個月期倫敦銀行間拆款利率分別為3.99％、0.44％，兩者利差達3.5個百分點。因此過去一年澳幣避險股分的原幣累積報酬率，多較美元股分高3個百分點以上，等同在買債券基金時，又多加了利差收益。

國際貨幣基金（IMF）亞太部門表示，資源豐富的澳洲經濟已經連續成長二十一年，2012~2013年經濟成長率，至少可維持3.0％以上。在該國靈活政策下，經濟成長可望獲得激勵，有助澳幣持續維持高檔。積極型投資人可待澳幣漲多回檔時，配置澳幣計價全球債券基金，不僅分享全球固定收益市場多頭機會，還有機會增加澳幣升值以及澳、美利差等多重收益。

第三招：挑選原物料相關的債券

目前市場處於「風險」與「信評」之間拉鋸戰，投資人一方面要追求高收益，另一方面卻也擔心投資標的之信用問題。一般擁有豐富資源出口的國家，財政相對健全，債券評等也較高。

例：澳洲、紐西蘭、巴西、南非等。強勁的原物料出口，帶動經濟成長，同時也將率先進入升息循環。鑑於此，共同基金與超過六十國央行，已將澳洲納入外匯儲備之外，許多美國大企業及高資產客戶，因手中資產無法有效去化，也希望將資金停泊在具備高收益與高信評優勢的資產中。

紐、澳這些擁有豐富資源出口，加上國家財政相對健全的資產，自然成為投資首選。過去全球主要工業國家，「債券」是資產最主要的避風港。歐債危機干擾，導致全球經濟成長趨緩，資金開始流入巴西、墨西哥、南非等資源豐富國家，反映外資對新興市場國家的經濟體質及財政狀態深具信心。整體而言，低率環境將持續維持1～2年，有利於資源豐富國家債權持續走多。

各國貨幣升貶表現

國家	三個月	六個月	1012/1/1~9/18
澳幣	3.12	-1.38	2.30
紐幣	4.42	0.36	6.47
墨西哥披索	8.28	-1.31	8.56
南非幣	1.56	-7.86	-1.37
加幣	5.29	1.80	4.83
巴西黑奧	1.76	-11.05	-7.74
美元	-3.29	-0.67	-1.16

※資料來源：Bloomberg ※單位：%

澳洲債、匯市2003-2011表現

期間	澳幣（％）	澳洲公債（％）	期間	澳幣（％）	澳洲公債（％）
2003年	34.44	37.32	2008年	-19.62	-4.34
2004年	3.74	11.54	2009年	27.43	25.63
2005年	-6.09	-0.98	2010年	13.95	20.04
2006年	7.60	9.58	2011年	-0.23	14.17
2007年	11.19	15.49	2003〜2011年	82.47	213.94

※資料來源：Bloomberg ※統計至：2012/10/30

 資源國家利率與信評

國家	利率	信評	十年期公債
加拿大	1.00%	AAA	1.40%
墨西哥	4.50%	A-	5.00%
巴西	8.00%	A-	8.20%
南非	5.50%	A	6.0%
澳洲	3.50%	AAA	13.40%
紐西蘭	2.50%	AA+	11.50%

※資料來源：Bloomberg ※2012.8.10

Leader級全球債
報酬、風險兼顧

就當前投資環境來看，成熟公債收益率已經無法追上長期
通膨，僅具短期避險功能。

　　除了依照前述方式挑選債券型基金外。理柏資訊對基
金所作評等，也非常值得參考。通常Lipper會依據總回報、
穩定回報、保本能力三項標準，將各類型的基金分為五個等
級，排名在前五分之一者，稱作「Leader」。若能在上述
三項標準均取得「Leader」評等者，顯示該檔基金在爭取
較為優異報酬率同時，仍能兼顧控制投資組合的下檔風險。

　　以海外全球債券型基金為例，國內核備的三十五檔基
金中，僅有富蘭克林坦伯頓全球債券基金、PIMCO多元收
益基金、柏瑞策略債券基金、霸菱全球綜合債券基金四檔基
金，同時擁有三項標準的Leader評等。尤其是，前三名債
券基金的績效，只花八個月時間，績效就高達6％以上（接

近美股上一整個世紀，年平均報酬的6.9％水準）。如果年報酬設定為6％的投資人，此時目標就已達成，可以將基金贖回，就不用承擔投資風險了。雷曼倒閉四年之後，世界又經歷二次歐債風暴，美債降評以及大陸宏觀調控等危機，導致全球股勢震盪加劇。不過根據理柏統計，三十二檔全球型債券基金中，有二十八檔年年穩定抗震，同類型基金都能繳出5～10％的平均績效，報酬與風險兼具，值得鼓舞。

進可攻退可守，複合債勝出

自1999年以來，高收益債及新興市場債，單月最大跌幅分別達-12.53％及-16.34％，顯示單一債券波動性，不輸股票市場。若再進一步以2000年網路泡沫、2008年金融海嘯及近期歐債問題等，利空事件發生期間的指數表現，

全球債券型基金績效

基金名稱	2012/1/1~8/16
富蘭克林坦伯頓 全球債券基金A美元 收入	9.07
PIMCO-多元收益債券基金- E級類別美元（收息股份）	8.15
柏瑞環球基金- 柏瑞策略債券基金A	6.61
霸菱全球綜合債券基金- A類 美元	1.81

※資料轉載：工商時報 ※統計至：2012.8.16

MSCI全球股市平均表現為-36.39％、高收益債-8.49％、新興市場債-5.56％，而複合債卻是唯一正報酬商品，繳出3.95％的優異成績單。

就當前投資環境來看，成熟公債收益率已經無法追上長期通膨，僅具短期避險功能。複合債結合，高收益債違約率降低、新興市場債基本面較佳，以及具有發展潛力等優勢，是投資逆境中，進可攻、退可守的投資利器。

 十大基金經理人最愛債券基金

基金名稱	檔數	一年績效	二年績效	三年績效
PIMCO-新興市場債券	16	18.32	12.58	31.50
PIMCO-投資級別債券	16	13.27	7.53	20.06
PIMCO-全球高收益債券	14	17.38	12.92	31.87
景順新興市場債券	14	17.23	12.72	33.10
MFS全盛新興市場債券	13	17.42	11.32	29.20
美盛西方資產全球高收益債券	13	13.94	10.14	27.06
富達基金-美元債券	13	10.55	6.34	16.99
PIMCO-高收益債券	12	16.95	12.62	32.87
摩根新興市場債券	12	16.96	14.37	—
匯豐環球投資基金-環球新興市場債券	12	18.23	—	—
平均	—	16.31	11.42	29.26

※資料來源：Bloomberg ※2012.8.10

利率往上，債券出場

財富管理公司Coutts & Co.警告，假設美國十年期公債收益率（利息）上升1到1.5個百分點，吸引資金進入，亞洲債券價格可能將下跌10%至12%，並對市場造成雪球效應。

目前世界各國的利率，大都處於低檔區，往下跌的空間不大；反倒是隨時都有升息的機會（2006年8月，Fed以暫停升息決議，結束了90年代以來期間最長、幅度最大的一次升息循環，歷經17次升息，長達兩年的升息旅程，將美國指標利率由史上最低的1%，帶回中性水準的5.25%）。

所以，當市場利率往上走揚時，投資人就必須檢視手中持有債券。是續留，還是出場，特別是信評不好，利率又低的債券，就應該立即出場；否則一但市場利率高於持有債券所給付利息，債券價格就會產生折價。

債券天王葛洛斯，近期不斷提醒「債市會有泡沫、破滅的風險。」不過由於市場正沉醉於「債券」的高報酬，似乎不太聽得進去。

投資人還是要保有風險意識，特別是一些信評不佳，違約機率高的債券，不妨採取「賺了就快跑」的策略，曾經擁有就好，不需要跟它天長地久，以免日久生變。此外，近年國內投信業募集基金，大都是債券相關商品。建議投資人還是應該依照自己的投資屬性，並做好資產配置，才能因應全球金融市場，瞬息萬變的波動情況。

 主要國家十年期公債殖利率

國家	十年期公債殖利率
南韓	3.06%
澳洲	2.17%
法國	2.12%
英國	1.47%
美國	1.47%
德國	1.17%
台灣	1.13%
日本	0.73%
瑞士	0.51%

※資料來源：YAHOO奇摩

第二章

這樣操作賺很大

日本股神是川銀藏認為「股市不會毀滅，只會循環」，大災難孕育絕佳投資機會，剩下的只是「等待」，等待一個好時機進場！

股災後**進場法**
平均賺三成

> 懂釣魚的都知道，海浪波濤洶湧時，絕對釣不到魚；反倒是水面平靜時，才是下餌的好時機。想要在股市中釣到大魚，一定要學會這套釣魚技巧。

投資報酬率，到底多少才算滿意，每個人的答案都不盡相同；不過，越多越好，應該是很多投資人的心聲。對於5％年報酬率就滿意的投資人，選擇很多，例如：人民幣定存、澳幣定存、境外年金險、月配息債券……。

報酬率動輒30～50％的商品，大都是期貨、選擇權、權證等高槓桿衍生性商品。不過一想到「風險與報酬」的關係，又讓很多想獲取高報酬的投資人為之卻步。

在各種投資工具中，股票挾著高報酬、中等風險、高變現性、低成本等幾大優勢，成為最多投資人選擇操作的工具。

想在股市中求取獲利，有人是賺波段財、有人是利用短線進出的方式，積小勝為大勝、當然也有買進股票後就長抱，然後享受每年企業發放股息（高資產者大多採用此法）。

最厲害的非投資大師巴菲特莫屬，通常大師都是挑選價值被低估的企業，買進後重整，再伺機賣出，享受巨幅獲利；至於趁著股災後進場撿便宜，風險不大，獲利可期的投資方法，則是本書最為推薦的策略。

股市會缺題材、缺資金、缺行情；但是絕對不會缺利空。依過去十五年的股市走勢圖來看，幾乎每隔一、兩年就有利空出現，有時一年之中還發生好幾次股災，

從1997年東南亞金融風暴、2001年911恐怖攻擊、2003年SARS疫情、2008年世界金融次貸危機、2011年茉莉花革命……，股災總是一次又一次重複出現。

至於什麼是好時機？懂釣魚的都知道，海浪波濤洶湧時，絕對釣不到魚；反倒是水面平靜時，才是下餌的好時機。想要在股市中釣到大魚，一定要學會這套釣魚技巧。

每當股市經過大幅重挫落底，成交量急速萎縮後，不久就會出現大幅反彈，以近六次股災做統計，台股落底後進

場，平均一個月報酬率就有將近15％、三個月超過30％，一年平均報酬率，更是出現大漲四成的好成績。

所以，投資人如果想要趁著股災後進場撿便宜，絕對不會沒有機會，端看大家有沒有耐心等候，以及股災來臨時，人心極度恐慌中，敢不敢進場。

歷次重大危機台股落底及後市進場之報酬率

重大事件	台股落底指數	1個月	3個月	6個月	1年
1997年亞洲金融風暴	6219.89（1998/09/01）	5.79	12.11	-0.36	30.60
1998年LTCM倒閉	5422.66（1999/02/05）	16.59	38.31	27.12	80.03
1999年九二一大地震	4555.91（2000/12/28）	21.90	21.31	-0.60	12.53
2000年科技泡沫	3444.26（2001/10/03）	16.20	62.50	82.65	18.27
2002～03年SARS	4044.00（2003/04/28）	8.09	31.70	46.77	58.83
2007～09年金融風暴	4328.05（2009/03/03）	24.67	55.41	54.18	59.54
平　　均		14.57	32.40	29.98	43.30

※資料來源：bloomberg　※統計至：2012

股災後
該買什麼股？

投資股王應該有「慧眼識英雄」的能力，在股王還不成氣候前，就買進持股，然後慢慢看著他成長，等到坐上股王寶座那一天，就可以準備獲利了結。

細數每次股災，都有不同原因。1997是亞洲金融風暴，股災後受創最嚴重的就是金融類股，如果投資人以為金融類股跌多了，應該會有反彈機會，因而買進相關類股，可能就要大失所望。

其次，2000年暴發網路泡沫化，當時網通類股更是跌得鼻青臉腫，如果膽敢在災後買進網通類股，下場絕對是賠了夫人又折兵。

通常股災過後，產業都會重新洗牌。很多人認為選股王準沒錯，雖然股王代表著產業發展的「浪頭」。不過，從歷代股王興衰史，就可看出台灣產業興衰之快速。

若是在產業景氣已進入尾端，甚至是股災過後，景氣發生變化才進場，買「股王」的風險，其實相當高。

歷代股王興衰史

　　觀察台股歷代股王，最早的股王是1980年代的國壽；1990年代的台積電、廣達、威盛；2000年代的聯發科、益通；以及2010年代的大立光、宏達電等。

　　每一檔股王，都有當時市場的時空背景、產業趨勢以及資金追捧等因素，才能時勢造英雄。但也因股王享有市場最高的本益比，極易因資金浪潮堆砌與鎖定籌碼，股價有超漲效應。

　　一旦面臨景氣以及業績下滑「雙殺效應」，產業核心競爭力受到挑戰，此時若投資人拋售股票，股價就有可能一落千丈。2012年的宏達電，就是最典型的例子。

　　在不考量歷年權值，並排除分割的華碩，以及合併的國泰金二檔股王後，歷屆股王，包括華園、聯電、智原、華通、威盛、禾伸堂、茂迪、益通、伍豐等股價都因為電子產業的景氣循環加速，股價出現打一折的命運，不僅投資人損失慘重，更讓觀者不勝唏噓！

近三十年歷任股王滄桑史

年代	代號	公司	當時最高價	2012/9/28收盤
1980	2882	國壽	1,975	31.50
	2702	華園	1,075	22.30
	2901	欣欣	395	43.60
1990	2330	台積電	222	89.80
	2303	聯電	188	12.20
	2357	華碩	890	318.50
	3035	智原	411	46.00
	2313	華通	337	13.25
	2382	廣達	850	77.90
	2388	威盛	629	10.70
	3026	禾伸堂	999	25.85
2000	2454	聯發科	783	309.50
	3008	大立光	609	607.00
	2498	宏達電	1,220	284.00
	6244	茂迪	985	30.90
	3452	益通	1,205	12.15
	2707	晶華	738	351.50
	8076	伍豐	1,085	37.75
2010	3008	大立光	1,005	607.00
	2498	宏達電	1,300	284.00

※資料來源：各券商　※上述收盤未加計還原歷年權值

攀上高峰墜入深淵

股價攀上千元的高價股王，台股中僅有國壽、華園、宏達電、伍豐、益通及大立光等6檔個股。至於，剛摔下股王寶座的宏達電，近一年多股價上沖下洗，投資人大洗三溫暖。

2011年4月29日寫下1,300元的歷史天價後，自此跌多漲少，2012年8月8日，甚至創下236元的低價，股價高低差，足足少了千元之多。

即使扣除這兩年的配股、配息，還差了約950元，如果投資人買在最高、殺在最低，買一張就損失95萬元，等於「賠」掉一部進口休旅車。

部分外資分析師，甚至落井下石的表示，蘋果與三星雙強爭霸態勢愈來愈明顯，宏達電退居「小三」，業績與股價恐怕都「回不去了」！

就在外資一遍唱衰聲中，麥格理資本證券台灣區研究部卻力排眾議，指出：由於宏達電大陸市場穩定成長，可抵銷部分來自蘋果iPhone5與三星S3的衝擊。未來宏達電若能「控管ASP與獲利」、「維持大陸成長動能」、「維持歐美市場三哥位置」，宏達電將有機會出現「轉折點」。

真正股王僅剩台積電

回顧歷代股王，還原權值市值及股價後，仍能刷新歷史新高的個股，僅剩台積電一檔。台積電歷年最高股價為222元，2012／8／10股價為82元，經過還原權值，是唯一一檔股價創新高的個股，高過原本股價的42.9％。

按台股近30年成長史，長期持有股王的風險性相當高，一旦股王獲利能力受到挑戰，股價一定下挫，而且跌幅可觀，過程中捨不得認賠殺出的投資人，心裡就要有「長期抗戰等待解套」的準備。

按台股近30年成長史，長期持有股王的風險性相當高，一旦股王獲利能力受到挑戰，股價一定下挫，而且跌幅

台積電2010～2014年營運預估

項目	2010	2011	201（估）	201（估）	2014（估）
營收（百元）	419,538	427,081	496,992	573,201	684,584
稅後盈餘（百元）	161,605	134,201	153,517	161,456	191,017
EPS（元）	6.24	5.18	5.92	6.23	7.37
本益比（倍）	14.5	17.5	15.3	14.5	12.3

※資料來源：里昂證券

可觀，過程中捨不得認賠殺出的投資人，心裡就要有「長期抗戰、等待解套」的準備。

買產業龍頭股風險也不小

如果不買股王，買各產業的龍頭股，風險是不是降低很多呢？理論上是如此；不過還是要回歸產業基本面。

曾經聽說有投資人將各類股票通通打開，然後挑選每類股的龍頭股。這種方法其實風險也不小；如果產業前景有憂慮，即使買到龍頭股，股價要一支獨秀，大概也很難吧！

以遊戲產業為例：遊戲產業是屬於動腦型的精密產業，2012年股王是傳奇，股后為歐買尬。股王、股后的股價都呈現大幅下跌，原因是營收急遽萎縮。

這是由於以線上遊戲為主的公司，近期都遇到了不小的挑戰。一方面是線上遊戲的投入者眾，競爭激烈，另一方面則是大環境變化快速。

台灣過去線上遊戲平台以電腦為主，但現在智慧型手機、平板電腦，還有許多應用程式平台，提供大量休閒且免費的遊戲。業者認為，產業進行典範轉移，未確定如何邁出正確的下一步前，多數業者還是選擇保守以待。

遊戲股2012年表現

代號	名稱	Q1 營收年增	Q2 營收年增	近五年 最高股價	Q3 股價
3083	網龍	-94.10%	-56.34%	433.00	66.10
3086	華義	-11.65%	盈轉虧	34.70	15.20
3293	鈊象	-17.40%	-49.76%	440.00	110.50
3546	宇峻	73.74%	3664.18%	507.00	60.20
3662	樂陞	盈轉虧	N/A	76.30	68.90
3687	歐買尬	-24.65%	13.06%	289.00	123.0
4946	辣椒	93.83%	盈轉虧	200.00	59.10
4994	傳奇	33.06%	-32.02%	420.00	184.0
5478	智冠	-91.75%	20.56%	225.50	60.60
6111	大宇資	N/A	N/A	52.50	14.80
6169	昱泉	盈轉虧	盈轉虧	195.00	21.00
6180	遊戲橘子	-61.97%	盈轉虧	68.80	26.55

※資料來源：YAHOO奇摩

※註：宇峻前一年基期太低，導致Q2營收年增3664.18%

公司裁員
一葉知秋

每次股災過後產業結構就會發生變化。如果看得懂趨勢，或者能找出未來具有題材的新興產業；投資這類股票，等於搭上成長列車，未來股價當然有機會大幅成長。

韓廠納克森（Nexon）與遊戲橘子創辦人劉柏園，對於公司治理的理念有極大的差異，一直是納克森（Nexon）想要吃下公司並取而代之的原因。

外傳Nexon不滿劉柏園的經營績效，對外放話Nexon入主之後，將砍掉遊戲橘子的研發團隊，以及不再赴海外設據點燒錢，要讓公司獲利漂亮，股東間經理理念不同，也讓橘子未來營運蒙上陰影，導致幾次裁員。

不過，遊戲橘子並不是唯一大幅裁員的遊戲公司。曾是股王的宇峻澳汀、中華網龍、智冠以及遊戲模範生鈊象，也因獲利不佳，或其他原因，陸續出現裁員政策。

目前台灣的遊戲產業競爭激烈，過半公司獲利都呈現下滑狀態，除非不斷推出具有吸引力的新遊戲產品及強力拓展海內外市場版圖，才能維持獲利在高檔不墜。

產業前景有憂慮，即使買到龍頭股，股價想要一支獨秀，大概也很難吧！除了遊戲業，過去長期不振的行業，還有雙D產業、太陽能、運輸……都成為新高風險產業。

遊戲公司裁員事件

公司	事件	備註
宇峻奧汀	2011年中秋節裁員一成	董事長及副總等級以上主管不支薪
遊戲新幹線	2012上半年大幅裁員	因虧損有壓力
鈊象	2012上半年裁員	因應某款遊戲研發規模縮減
遊戲橘子	2012上半年裁員30多人，9月再裁員一成，且高層減薪	累計2012年裁員人數逾200人

資料轉載：工商時報

從產業發展趨勢～選股票

勤業眾信所屬的德勤全球高科技、媒體及電信業服務團隊，每年皆與世界各國的創業投資協會合作，針對全球創投產業未來發展動向進行調查，希望找出全球創投產業未來

一年關注的焦點與趨勢。德勤全球Deloitte在2012年，公布了一份「台灣與全球創投業看好前6大產業」。投資人可以參考，再從中挑出自己看好，或最熟悉的產業來加以研究，省去大海撈針的茫然，或許有機會選中潛力股。

台股未來最具有題材的產業～智慧型手機、雲端

從台股歷代股王的更迭，可以看出台灣產業的興衰。至於，未來台股的強勢產業，包括：智慧型手機、雲端、觀光消費……等產業。

 台灣與全球創投業看好前6大產業

排名	台灣創投	信心分數	全球創投	信心分數
1	健康照護科技與服務業	4.15	雲端運算業	3.92
2	消費性產業	4.00	軟體業	3.80
3	生技製藥業	3.71	新興媒體/社群網路	3.72
4	清境科技業	3.64	健康照護科技與服務業	3.70
5	軟體業	3.58	消費性產業	3.40
6	新興媒體/社群網路	3.58	醫療儀器頁	3.36

※資料來源：德勤全球Deloitte

雲端產業
飛龍在天

雲端趨勢股，不僅包括科技股，也包括商業平台中的多媒體、購物、搜尋及社群等一些電子族群股，橫跨金融、醫療、消費及科技等行業。

「雲端」的「雲」是指網路及其連結的資料庫、媒體、程式及各類服務資源等；至於「端」則是指終端，如PC、NB、Mobile Phone、Pad及TV等，而雲端運算就是將所有的資料，全部都放在網路上集中處理。

至於，「雲端趨勢」股是屬於運算服務、商業平台及智慧終端，所交織出來的類股。

雲端趨勢股，不僅包括科技股，也包括商業平台中的多媒體、購物、搜尋及社群等一些電子族群股，橫跨金融、醫療、消費及科技等行業。

美國可說是雲端規格的制定者，因此這些雲端的龍頭企業，多數集中在美國。最典型雲端趨勢股如Amazon，是全球最大的網路電子商務業者，在全球擁有超過1.6億活躍用戶，也是全球提供雲端運算服務的領導廠商。

　　另外，VISA也是擁有全球最大的電子金融交易網路，合作發卡的金融機構目前已超過1.5萬家，每年透過VISA交易金融，估算超過6兆美元，也是雲端經濟及新興市場消費提升趨勢下，最大受惠者之一。

　　台灣上市櫃公司主要是以雲端趨勢中的智慧終端為主，台股中能搭上雲端概念股首推廣達。

　　廣達目前是世界最大筆電代工廠，2011年又搭上雲端列車，接到GOOGLE訂單，生產雲端電腦以及雲端相關裝置等產業。

　　林百里以自來水比喻，強調自來水發明後，真正賺錢的是做水龍頭、面盆與馬桶這些廠商。未來雲端商機成形，裝置端商機無限，也是台灣產業的機會，他強調，未來雲端概念就像自來水一樣，使用者只要打開終端裝置就能使用。

　　由於廣達佈局雲端進度較產業領先，除既有的伺服器外，也耕耘軟體領域，未來將持續與其他公司進行合作，

掌握這波新商機。遠傳曾經於2011年與廣達策略合作企業雲。接著2012年又與華碩結盟，相較於與廣達合作主要聚焦於硬體「雲端運算服務」，遠傳與華碩則著重在「儲存雲」。

隨著網路環境成熟，以及平板電腦和智慧手機的普及，未來數位資料，將出現爆炸性成長，全球企業必須面對巨量資料儲存（Big Data Storage）需求、員工自備行動裝置（BYOD，Bring Your Own Device）風潮與行動辦公（Mobile office）趨勢等3大衝擊，服務範圍涵蓋大中小型企業市場。

遠傳與華碩合作，就是要提供從「雲」到「端」一步到位的整合技術及服務，共創企業雲商機。

除了廣達、遠傳與華碩等企業。康舒與台達電則是雲端相關電源供應器主要廠商，其中台達電為iphone高效能被動元件供應商，也是iMac電源供應商神達跨入伺服器產品，是發展雲端必備；其他受惠者還包括廣達、英業達及華碩等。

至於，電信三雄則是最直接受惠者，包括中華電、遠傳以及台灣大，都分得到一杯羹。

資策會預估至2014年，全球雲端運算市場規模將達420億美元，成長幅度是傳統資訊服務市場的5倍。

IDC則預測，至2015年，全球行動工作者將達到13億人，隨著連網裝置的普及，Gartner估計到2016年，超過1/3的數位內容將儲存到雲端。

由科技人轉任行政院政務委員的張善政，上任以來就大力扶植雲端產業，並表示未來將結合台灣政府機關、軟體、硬體及電信營運商，媒合台灣軟硬體產業，預估將投入70億元打造雲端應用。

有了政策大力扶植，配合4G時代來臨，雲端概念股將更加活潑。

小叮嚀

隨著網路環境成熟，以及平板電腦和智慧手機的普及，未來數位資料，將出現爆炸性成長。

台股雲端產業類股

產業鏈位置	企業
伺服器代工	廣達、緯創、英業達
應用研發	鴻海、廣達、華碩
磁碟陣列	普安、喬鼎
電源供應器	台達電、康舒
軟體	敦陽、零壹
伺服器導軌	川湖
伺服器散熱	奇鋐、力致、超眾、雙鴻
KVM（監控管理）	宏正
網通周邊	友訊、明泰
電信服務	中華電、台灣大、遠傳
光纖	聯鈞、前鼎、聯光通
防火牆	立端
網路服務商	久大、精誠、網家

※資料來源：各企業

大樹下，好乘涼
蘋果概念股正紅

單單2012年，蘋果股價就累計上漲了63.11%，屢創公司股價歷史新高，但各機構對蘋果依舊熱情不減。至於蘋果股價，未來會漲到哪一個價位，大家不妨拭目以待！

蘋果強人賈柏斯過世後，欽點庫克為接班人。而庫克也不負眾望，蘋果接連推出的iPhone4S、iPhone5以及iPad mini，都受到果粉的熱烈歡迎。

蘋果股價也因此一飛衝天，2012年9月20日股價在當天大漲2.6%，每股報665.15美元，締造新高，市值暴衝至6,235億美元，打破宿敵微軟1999年12月的6,163億美元的紀錄。

單單2012年，蘋果股價就累計上漲了63.11%，且屢創公司股價歷史新高，但各機構對蘋果仍熱情依舊不減。至於蘋果股價，未來會漲到哪一個價位，大家不妨拭目以待！

廠商吃蘋果台股樂陶陶

回顧歷代iPhone發表後，台股都有不錯的表現。除了2008年因金融海嘯影響外，其中又以新機發表，六個月後的平均報酬率16.09％，最為亮眼！

由於蘋果面臨關鍵零組件in-cell技術及鏡頭良率提升的問題，已逐步解決，後續的出貨狀況將是股價走勢的關鍵；台股代工廠商中手機組裝廠、零組件廠商中的意軟板及鏡頭等標的，應該都有表現機會。

蘋果2008～2012年股價走勢

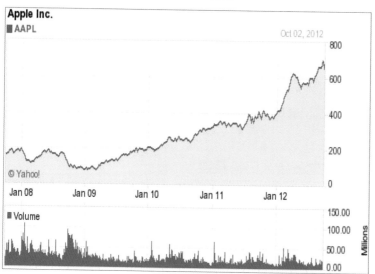

資料來源：YAHOO

蘋果推7.9吋iPad mini台廠樂翻天

GOOGLE、AMAZON相繼推出7吋平板；蘋果也積極跟進，推出7.9吋的iPad mini。由於iPad mini多數零組件都是由台廠供應商提供，估計單是2012第四季，就有700～800萬台出貨量，可望帶動相關廠商業績。

蘋果加持鴻海賺爆

被外資圈喻為鴻海超級獲利金雞母的iPhone 5如期推出後，鴻海開始認列iPhone5營收與獲利，預估iPhone5，占整體營業獲利比重高達70％。

由於iPhone組裝業務所帶來的獲利挹注，以及折舊成本降低等因素。外資分析師認為：2012年第4季起至2013年，鴻海的營益率將上看3％至3.1％。未來鴻海還有ipad mini以及Macbook等訂單等著組裝，商機不小。

電信三雄大口啃蘋果

通路統計表示，自從iPhone3G於2008年在台開賣至今，iPhone系列手機累計在台銷量已達150萬台，iPhone5登台後，將推升iPhone系列手機，在台銷量突破200萬台。電信三雄表示，iPhone4的二年期合約用戶，

歷代iPhone發表後台股表現

新產品名稱	發表日期	報酬率%			
		一個月後	三個月後	六個月後	一年後
iPhone	2007/01/09	0.89	3.42	20.28	3.79
IPhone3G	2008/06/09	-17.93	-25.19	-47.92	-25.31
IPhone3GS	2009/06/08	0.61	10.35	17.21	7.91
IPhone4	2010/06/24	2.26	7.60	16.75	12.42
IPhone4s	2011/10/04	5.40	-0.13	6.86	6.53
IPhone5	2012/09/12	-0.9	—	—	—

※資料來源：APPLE官方網站、bloomberg ※統計至：2012.10.12

至少超過50萬即將到期，加上iPhone5的功能及規格與iPhone4、iPhone4s明顯差異。因此，將吸引不少蘋果迷及嚐鮮族出手，帶動可觀的換機潮，預估在台總銷售將超過iPhone4S，達到50～70萬台。

　　未來只要蘋果能夠不斷推陳出新，果粉捧場程度始終如一，電信三雄就有機會持續大口啃蘋果。

蘋果智慧手機供應鏈

代號	股名	題材
2354	鴻準	蘋果iphone5 機殼代工主要廠
3042	晶技	蘋果石英元件供應商
8086	宏捷科	客戶 Skyworks獲三星、蘋果PA訂單
2455	全新	Skyworks砷化鎵磊晶廠
3105	穩懋	受惠iphone 5砷化鎵訂單增溫
6269	台郡	蘋果手機軟板主要供應商
2392	正崴	通路及連接器主要配合廠商
3008	大立光	搶攻800萬畫素iphone 5訂單
3189	景碩	高通主要代工廠供蘋果基板

※資料來源：C MONEY

平均**壽命延長**
醫療產業夯

政府對生醫產業大放利多，獲認證新藥、新醫材，自2013年1月1日起，享有幾乎是全額健保價，以及稅賦優勢，生醫類股將有表現機會。

國人平均壽命男性為77.64歲，女性更高達83.7歲。壽命越長就越需要醫療，醫療相關產業商機，將會逐年增加。

2012年第三季，生策中心與生策會擬定了三十三項提交行政院的建言書，行政院全部接納，甚至表達，三年內執行達陣的時間表。

計畫中的十一項，將立即啟動。包括國內研發、在台上市的新藥、新藥材，訂出納入健保給付、優惠核價和快速核價程序的實質獎勵，藉以吸引國際藥廠與台灣建立新藥開發、臨床試驗聯盟。另外，十二項將在一年內做到，十項預計三年內上路。

再加上衛生署食品藥物管理局（TFDA）向PIC/S國際組織叩關成功，領先日本與韓國，在2013年1月1日正式成為第四十三個會員。

此舉將讓國內PIC/S藥廠與其它會員國相互認證，吸引國際大廠來台代工，並快速和國際接軌，製藥業未來產值，有上攻千億的機會。

政府釋利多新藥享健保

政府對生醫產業大釋利多，獲認證新藥、新醫材自2013年1月1日起，享有幾乎是全額健保價，以及稅賦優

台灣2011年生技產業盤點

	新興生技產業	製藥產業	醫療器材產業	合計
營業額	671	739	993	2,403
廠商家數	402	400	6,262	7,064
出口值	270	159	410	839
進口值	342	857	550	1,749
內銷／外銷	60：40	78：22	59：41	65：35
國內市場需求	743	1,437	1,133	3,313

※資料來源：2012生計白皮書；經濟工業局　※單位：億新台幣

勢，生醫類股將有表現機會。初步統計，國內目前共有四十九家公司，通過生技產業發展條例。

除了中天和懷特已有新藥獲藥證外，另有七家新藥公司已進入三期臨床，其中，智擎受惠PEP02已在十五國進行人體臨床試驗，有機會在2014年拿到藥證。

生醫產業近幾年利多

利多	受惠公司	時程
新藥納入健保	中天、懷特	2013/1/1
獎勵條例放寬	太醫、邦特、聯合骨科、雅博、五鼎、華廣、泰博、精華光、基亞	2013/1/1
醫事法	東洋、中化、杏輝、永信、生達、南光、晟德、健亞、健喬、友華、美時、因華、台灣微脂體	2013/1/1
新掛牌	創源、智擎、因華	2012/9/17～9/21
法說會	南光	2012/9/18
授權金入帳	智擎	2012年底

※資料轉載：工商時報

由於政府對新藥和新醫材的認定，是以通過生技產業發展條例認定，因此也將吸引新藥和醫材公司，來台研發和上市。法人認為，將使台灣生醫產業的能量發揮到最高。

台灣掛牌特色藥廠

公司	東洋	康聯	東生華
主要產品	LipoDox癌藥 LipoAB	肝癌、 呼吸用藥	腸胃、新血管疾自體免疫性疾病用藥
技術偏向	微脂體藥物傳輸及量產	配方改良	配方改良
目前通路	台灣、國際	中國	台灣
股本 （台幣百萬）	1,726	700	280
年毛利率（％）	61	59	71
營業 獲利率（％）	9	23	31
稅前 淨利（％）	29	28	32
2011年 EPS（元）	3.03	4.49	6.02

※資料轉載：工商時報

三年內可望享有健保給付之新藥

公司名稱	主力藥品／適應症	進度
懷特	懷特血寶/癌末輔助 懷特血寶/原發性血小板低下紫斑症	已獲藥廠上市行銷
中天	化療漾/化療輔助 Herbiron/缺鐵性貧血症 MB-6/大腸癌	已獲藥症 藥症申請中 將進入三期臨床
合一	ON101/糖尿病傷口癒合	三期臨床
基亞	P1-88/肝癌	三期臨床
太景	奈諾沙星/肺炎	三期臨床
台灣浩鼎	OPT-822乳癌	將進入臨床期
安成國際	AC-201/糖尿病	三期臨床
德英	S-RT100/皮膚癌	三期臨床
智擎	PEP02胰臟癌	15國三期臨床
和康	骨填科醫材	已上市
双美	膠原蛋白注射劑	已上市
科研	玻尿酸	已上市

※資料轉載：工商時報

特色製藥利潤極大化

所謂特色製藥公司（Specilaty Pharma）是前幾年美國流行的製藥模式之一。

指的是「物色」和「開發」未被市場注意的利基藥物，向上游找原料藥公司下單，在自己的醫院通路推銷藥品，節省中盤商分銷的支出，將利潤最大化的製藥公司。

特色藥廠通常源自於學名藥公司，由於和開處方的醫師熟識，並熟知市場缺口，於是對準市場，開發使用更方便或大藥廠無法照顧到的改良型新藥，淨利率甚至高出大藥廠的一倍以上。

台灣也有成功的特色製藥公司，例如：以癌藥為主的東洋和由東洋分枝出來的東生華；其他如健亞、健喬、信元……等，也不斷衝出獲利。

另外，主攻中國肝炎及呼吸用藥的康聯，利用現有通路，向上游開發，取得呼吸用藥的關鍵性原料藥。

原料藥三雄
各有**利基**

> 未來2～3年，全球不會有新的減肥藥上市，讓台灣生技原料三雄中的神隆、台耀有機可乘。

由於2014年之前，全球不會有新的減肥藥上市，讓台灣生技原料三雄中的神隆、台耀有機可乘。

台耀2012年下半年有減肥藥、磷酸鹽吸收劑等新產品上市，營收獲利都將優於上半年，2013年因減肥原料藥出貨量放大，且還有新產品上市，有機會啟動新的成長動能。

至於神隆，由於美國客戶Vivus生產的減肥藥Qsymia，意外在美國獲健保價補助，營運吃下大補丸。法人認為，此利多將讓Qsymia的市場滲透率比原先預估2016年，可達到110億美元更加快腳步，神隆獲利也是跟著隨之水漲船高

中化生則因三大暢銷原料藥ＭＭＦ、ＥＰＡＥ、Rapamycin發威，激勵毛利率和業績走揚，公司並斥資6.83億元，規劃在桃園工業園區興建新產能，預計2015年投產，未來並將跨足EPAE領域。

生醫添利多代工單可期

台灣加入PIC/S會員國之後，由於可以和歐盟、美國、加拿大等會員國相互認證，這將會加速國內PIC/S藥廠和國際大藥廠結盟，有助爭取代工訂單。

原料藥三雄比一比

公司名稱	2012上半年EPS	主力產品	立基
中化生	1.62	MMF（免抑制劑） MCB（舒筋靈）	美國世佔第一 美國世佔第一
神隆	0.65	高致敏性藥物 高活性抗癌藥	全球最大代工廠
台耀	0.70	維他命D衍生物 呼吸用藥 降膽固醇及磷酸鹽結合劑	全球前三大

※資料轉載：工商時報

例如：已與美國藥廠洽談代工訂單的東洋、中化、南光率首先沾光，而在美國布建通路的永信、生達也隨之水漲船高。另外，由於全球針劑廠大缺貨，將在今年建廠的神隆、杏輝，和近日即有機會接獲預充填針劑廠的國光生技，未來成長動能強勁。

 ### 獲PIC/S GMP認證之上市櫃藥廠

代號	公司	認證之廠房
3705	永信	幼獅二、三廠
4105	台灣東洋	中壢iB內壢廠
1720	生達	台南二廠
4114	健喬	健喬廠、荷爾蒙廠
1701	中化	台中、新豐、 台南二廠、三廠
4123	晟德	新竹廠
1795	美時	南投廠
1752	南光	台南廠
4130	健亞	新竹廠
4111	濟生	新竹廠
1734	杏輝	宜蘭廠
4120	友華	虎尾廠

※資料來源：工商時報

立足台灣 放眼大陸

中國13億人口的醫藥市場，在同文同種的優勢下，將成為台灣生醫產業的利多。

繼美國、日本之後，中國已經成為世界第三大醫藥市場經濟體，十三點五億的人口，對醫藥市場的需求強勁，再加上中國醫療市場的專業程度仍嚴重落後台灣，讓台灣的生技新藥業受惠良多。

以台灣為跳板，進攻中國醫藥市場，生醫產業的利多題材，將不斷湧現。

為了重啟合作機制，生策會常務理事專程前往大陸將拜會新任藥監局（SFDA）局長尹力，雙方同意以國際準則（ICH、GHTF）為合作機制，籌設兩岸臨床試驗及新藥審議等四項服務，聯手搶進國際市場。

TFDA局長康照洲表示，目前兩岸較有興趣的合作領域，在於公共衛生防疫及癌症藥品研發，例如細菌性藥物研發、肝癌或疫苗方面的合作。

兩岸重啟醫藥合作大門，包括：杏國、中裕新藥、台灣浩鼎、台微體等至少33家以上企業，都在等待雙方公布細則，準備申請在兩岸進行臨床。

東協華人多切入市場易

近年來台灣醫療產業蓬勃發展，不過由於台灣內需市場有限，一定要向外發展，企業才能不斷壯大。東協國家中，如：新加坡、馬來西亞、印尼等國，由於當地華人社群皆有較強大的經濟活動網絡，台灣在同文同種的優勢下，可望降低市場進入障礙與風險，容易找到可信任的商業伙伴。

東協市場，雖然經濟規模不及歐盟，或金磚四國。不過，東協國家經濟體系逐漸整合，醫療需求急速增加，也促成了東協醫藥市場平均10％以上的高成長率，是亞太醫藥市場深具發展潛力的區域。

目前東協各國正持續往經濟共同體（ＡＳＥＡＮ Economic Community，AEC）的方向發展，預計在2015年正式推行AEC制度，東協將出現類似歐盟的體制，在市

場進入門檻、法規驗證、資本流通，會有一定程度的整合。

東協醫藥市場整體將近200億美元，年平均成長率為10％，從主要東協國家的市場數據分析來看，市場值較大的前3個國家為印尼、泰國、菲律賓；成長率前3高的國家則為馬來西亞、新加坡、印尼。

台灣廠商在東協醫藥市場的佈局並不多，部分成功的個案也以切入新加坡、馬來西亞、印尼為主，這是由於當地華人社群，皆有較強大的經濟活動網絡，台灣在同文同種的優勢下，也可因此降低市場進入障礙與風險，並容易找到可信任的商業伙伴。

目前台灣已有藥廠在馬來西亞深耕多年、取得多項藥證，並於當地資本市場上市，此成功模式也是其他藥廠可以做為標竿的經營策略。

未來台商對東協市場的佈局，可選擇華人網路較大、醫藥法規較成熟的國家，例如：馬來西亞、新加坡，為優先產品導入的市場，取得藥證及建立在地化商業模式，並同步佈局印尼、泰國、菲律賓、越南等醫藥通路。

台商可以單一國家的深耕，作為切入其他國家的跳板，為東協經濟體的成形與迷人的市場大躍進做好準備。

計畫申請兩岸新藥認證之生醫公司

類別	適應症	廠商
植物藥	止咳、骨質疏鬆	懷特
	大腸癌、缺鐵性貧血	中天
	中風	腦得生
	中風、心絞痛	杏輝
	糖尿病傷口癒合	杏一
蛋白質新藥	新抗癌藥	Polaris Group瑞華新藥
	乳癌藥	台灣浩鼎
	抗癌新藥	台灣醣聯
	抗肝癌藥	藥華
	阿茲海默症疫苗	聯亞
抗體新藥	愛滋用藥	中裕
	抗過敏藥	泉盛
小分子藥	乳癌、肺癌	台灣微脂體
	末期腎病之高血磷症	寶齡富錦
	肺癌	國鼎
	C型肝炎	賽德
	癌症用藥	杏國
	胰臟癌	智擎

※資料來源：工商時報

看好生醫相關類股的投資人，可以長期追蹤，等待一個適當時機分批介入，享受產業後續帶來的利多。

2011年東協主要國家醫藥市場概況

國家	醫藥市場 (百萬美元)	市場 成長率 （％）	人口數 (百萬)	人均 GDP (美元)	人均 GDP 成長率%	人均 醫療支出 (年/美元)
印尼	6,044	12.3	241	4,666	7.2	83
泰國	4,410	10.5	64	9,396	1.8	229
菲律賓	2,911	6.5	96	4,073	3.8	83
越南	1,889	10.3	89	3,359	6.8	87
馬來 西亞	1,814	16.8	29	15,568	5.5	419
新加坡	716	13.9	5	59,711	5.2	2,034

※資料來源；BMI：IMF；工研院IEK I T I S計畫

外國旅客「瘋台灣」觀光財發燒

> 近年來外國旅客「瘋台灣」蔚為風潮。根據觀光局估計，來台觀光旅客將在2016年突破千萬，國內觀光產值可望達到1.1兆。

　　近年來外國旅客「瘋台灣」蔚為風潮。根據觀光局統計，來台觀光旅客從2009年的440萬人次、2010年的557萬人次、2011年的609萬人次，逐年攀升。

　　預估2012年來台旅客人數，可望突破700萬人，2016年突破千萬人次，「不是虛幻的想法」。若以觀光產值每年增加1,000億元計算，到2016年國內觀光產值可望破兆，高達1.1兆元。

　　觀光人數不斷刷新紀錄，也帶動飯店、旅遊產業的觀光收入大躍升。統計顯示，台灣地區觀光外匯收入，已從2009年的新台幣2,114億元，大幅成長至2010年的新台幣

3,260億元，若以1.2％成長率保守估計，2012年可望上看新台幣3,300億元。至於消費力道，以日本客最具實力。日本自由行旅客平均在台，每人每日消費金額為348美元；觀光團體旅客在台，每人每日消費額更高達430美元，年成長35％，消費力相當驚人。

至於，陸客消費實力，也不容小覷。2011年陸客在台灣每人平均消費達1.1萬人民幣（約5.2萬台幣），超越在香港、澳門的花費。其中，台北101、SOGO百貨以及故宮博物院，是陸客主力消費地點。

2011年觀光外匯收入，首度突破百億美元，達110.65億美元（換算新台幣約為3,260億元），年增26.91％，旅客人數與觀光收入雙創歷史新高，將帶動觀光周邊產業的經濟大幅成長。

觀光旅館 總營收增

據觀光局統計，近幾年陸客來台占比持續提升。以2011年為例，陸客來台占比已提升至29％，超過日本21％；預估2012年陸客來台，可望超過200萬人次，帶動相關觀光產業發展。來台觀光旅客人次屢創新高，觀光旅館住宿旅客比去年同期增加45萬5,836人次，成長9.38％，帶動觀光旅館營收成長。2012年上半年觀光旅館業總營收

為新台幣257.47億元，比去年同期增加15.85億元，成長6.55％，其中以陸客貢獻度最高。

觀光局推動觀光旅館星級評鑑後，不少業者陸續翻修旅館，並隨市場波動調整房價，2012上半年台灣觀光旅館總平均房價為新台幣3,416元，較2011年同期增加173元，成長5.33％。包括：寒舍藝術酒店、福容、喜來登、凱撒等，都有新的投資計畫，加入市場營運後的效益可期。

除了旅館業暴利多。餐飲、百貨、通路等相關類股也受到刺激；再加上美國宣布台灣成為美國免簽計畫國家，預期美國旅遊團市場，至少成長三成，長期來看觀光類股，值得關注！

近三年來台旅遊市場指標值

指標	2009年	2010年	2011年
來台旅客人次（萬人次）	440	557	609
觀光外匯收入（億美元）	68.16	87.19	110.65
平均每人每日消費（美元）	227.27	242.39	280.41
整體滿意度（％）	90	93	93
來台重遊比率（％）	40	33	35

※資料來源：交通部觀光局

觀光、旅館、百貨等相關類股績效表

代號	公司	2011每股盈餘	2012上半年每股盈餘
2727	王品	12.71	7.88
2707	晶華	11.01	6.37
2705	六福	1.94	-0.37
2706	第一店	0.68	0.40
8940	新天地	2.05	0.85
5706	鳳凰	2.92	1.67
2722	夏都	1.88	0.60
2723	美食	8.34	4.10
2903	遠百	1.64	0.43
2912	統一超	6.11	3.30
5903	全家	4.50	1.66

※資料來源：YAHOO奇摩

富人口袋中
一定有的商品
房地產

投資營建股，尤其是手中握有土地越多的營建公司，未來也越具有上漲的空間，投資人買到這種股票，即使本身無法從房地產中獲利，也可以享受房地產，未來上漲帶來的利多！

從2011年開始，政府先是開徵奢侈稅，繼而實施不動產實價登錄，一連串的措施，看起來都像是要「打房」，建商也猛發新聞，表示嚇得皮皮挫。

一般政府喊「打房」，通常都是政治考量。沒有一個政府是真心要壓抑，自己國家的房價，尤其是房地產產業與將近四十個產業相關；以中國為例：大陸房地產產業，就占總體GDP10％。房地產不景氣，對一國經濟影響甚巨。

《每天理財30分鐘、為自己多賺一份薪水》作者黃珮婷，就曾撰文指出：「沒有哪一個政府不希望自己國家土地價格上漲；只是不希望一時之間漲幅太快，因為房價短期之

內漲幅太大，物價也會隨之上漲，將會引起政治問題；最好是以溫和方式慢慢漲，才不會引起民怨。」

所以，當一國政府，進行打房政策時，投資人最好先避避風頭，不要與政府對作；待政策趨緩或政府不那麼積極打房時，通常房價也相對滑落，此時再進場投資，比較不會買在高檔，一進場就被套牢。

台灣房地產溫和向上

每個國家發展產業不同，台灣最主要的產業是電子業，而且是以出口為導向（幣值貶值對台灣有利，因此央行總裁彭淮南，才會力守台幣匯率，盡量不讓台幣升破，1美元：29台幣大關），通膨加上貨幣貶值，長期觀察，台灣房地產應該是「溫和增長」。

政府有關居住公平，提出不增加自用住宅稅率；增加住宅土地供給率，以及配合不動產實價登錄建置，逐步的落實不動產交易實價課稅，一連串連續措施，無疑都是為房市添柴薪。

此外，行政院也開始檢討有關服務業、公共建設開放幅度，對商辦市場屬利多題材。不斷釋放作多方向球，還包括：考慮奢侈稅有條件退場、放寬雙北市國有地500坪以下

開發限制等，再加上國際穀物價格攀升，通膨預期也將增加保值題材。

營建股漲幅優於房地產

房地產投資，一般資金較大：以台北房產為例：至少要投資千萬元，才能買進一棟房屋，二成自備款就要200萬，這還不包括後續貸款部份。對於資金並不充裕的投資人，可能會造成困難。

政府推出「浮洲合宜住宅」就是未考慮民眾籌措自備款能力。導致公開抽籤時，眾人爭搶；到了繳交自備款時，卻傳出有將近三成的民眾放棄購買。媒體指出，原因就在於，要求的自備款成數太高，民眾籌不出錢，最後當然只得棄權。

如果改從股票市場著手，只要幾萬元投資營建股，就有機會參與不動產行業的成長；萬一中途需要資金周轉，賣幾張股票，就可以把問題解決，不至於像房產，一定要整間出售。

尤其是，台股各營建公司（地產商），手中都持有很多土地，而土地的利潤又是最大的。所以手中握有土地（尤其是台北市）越多的營建公司，未來也越具有上漲的空間，

投資人買到這種股票，即使本身無法從房地產中獲利，也可以享受房地產，未來上漲帶來的利多。

各類營建股中，地產股的股票漲幅（名目漲幅），通常會大於房地產。因為在房地產週期中，通常營建股會領先房市先行反應，所以當景氣大好時，營建股會先漲，半年之後房地產才開始跟進。反之，當房市景氣反轉時，也是由營建股先行下跌，隨後房價才會跟進。

小叮嚀

當一國政府，進行打房政策時，投資人最好先避避風頭，不要與政府對作；待政策趨緩或政府不那麼積極打房時，通常房價也相對滑落。

土地越見稀少 建商搶標地

> 台北市千坪以上的大面積建地，又是單一產權土地，越見稀少，因此只要傳出有土地標售，自然就成為各建商必爭之地。

　　台北市千坪以上的大面積建地，又是單一產權土地，越見稀少，因此只要傳出有土地標售，自然就成為各建商必爭之地。

　　以黑松持有微風廣場旁1,345坪停車場土地標售案為例：就有國壽、富邦、新光、南山人壽，建商華固、遠雄、力麒、元利等前往領標。甚至連微風廣場、私募基金豐泰等也磨刀霍霍。

　　最後，由潤泰新以總價81.9999億元得標，換算每坪得標土地單價約609.6萬元，溢價率約41.65％，創下住三（225％容積率）土地，歷年標售（含每坪單價與總金額）

最高價。潤泰新表示，標得的土地，未來將興建豪宅，目前台北市大型而完整土地已經不多，未來將採先建後售，市場行情喊到每坪250萬元以上。

由於，北部地區一地難求。部分建商、金控與壽險業者，相繼將觸角伸往中南部。包括忠泰建設、華固建設等台北知名建商，都積極在台中市覓地卡位。

台北市住宅土地單價前五名

排名	行政區	區位	面積/坪	單價/萬元	得標人
1	內湖區	陽光街68巷115弄1號	34.94	945.94	新光人壽
2	大安區	仁愛路三段（仁愛116）	244.12	826.57	威力國際開發
3	信義區	信義路五段	529.00	823.00	欣陸控股大陸建設
4	中正區	仁愛路二段53、55號	116.16	679.08	賴姓民眾
5	松山區	微風停車場（市民大道、復興北路口）	1,345	609.57	潤泰創新

※資料來源：永慶房產集團 資產管理部

其中又以麗寶、國泰、大陸建設獵地最為積極。以國泰建設為例：單是2012年6、7月就分別以每坪近85萬、70萬元高價、總額15億元，陸續買進8期與科博館附近的土地，均創下當地新高價。

台中豪宅市場，也在北部建商拉抬下，房價衝到每坪60萬元起跳。

原本被北部投資客，喻為「每買必套」，房地產價格幾十年來，都呈原地踏步現象地的高雄房地產，也在建商不斷搶地之下，水漲船高。

五都地王比一比

區域	住宅用地	商業用地
台北市	仁愛三段116土地/每坪826萬	太平洋敦南大樓/每坪1453萬
新北市	新店北新路一段與中正路口土地/每坪307.14	新莊副都心商二用地/232萬
台中市	豐邑建設七期土地/每坪236.8萬	七期土地-每坪327萬
台南市	東區林森路（原農改場）30萬	火車站商圈（中正路/西門路）89萬
高雄市	農16特區/190萬	美術館特區/每坪230萬

※資料轉載：工商時報

北部建商、壽險業 台中7、8期獵地一覽表

購地業者	土地地點	總價（億元）	每坪單價（萬元）	購買坪數（坪）
大陸建設	7期市政北7路、惠中路	24.50	311.83	785
南山人壽	8期文心路	30.00	106.70	2.811
大陸建設	7期惠國路105號、108號地	26.62	327.00	814（含容積移轉）
幸福人壽	7期市政北7路（悅萊汽車旅館）	16.98	220.00	772
宏泰人壽	7期「新六」	16.97	220.00	771

※資料來源：工商時報

有高雄「土地公」之稱的京城集團董事長蔡天贊，將位於高雄明成四路的2470坪土地，以每坪230.77萬的天價，出售給興富發，刷新南台灣地區房屋總價、單價二項最高紀錄。

荷包賺得滿滿的蔡董事長，隨即又以每坪116.7萬元，共18.1億元，取得高雄美術館旁清海段1500坪基地，顯示出有錢人「有土私有財」的理財觀，絕對不會變。

加上政府對大面積土地，皆採BOT案或是地上權設定，建商能自主發揮的機會較少，且金融海嘯之後，房地產仍是不少人資產配置的主軸，因此未來房市持續看好。

小叮嚀

由於北部地區一地難求，部分建商、金控與壽險業者，相繼將觸角伸往中南部。

上櫃營建股
開始活跳跳

上櫃營建股三圓2012半年報出爐，獲利年增568％，稅後EPS15.04元，基本面發威，連續拉出8根漲停，漲勢凌厲！

　　上市營建公司，表現可圈可點，獲利滿滿。靠著豪宅大賣、科技廠辦大樓狂銷所賜，營建股皇翔、長虹，雙雙衝出好成績，2012年前3季，就賺到1個股本以上。

　　上櫃營建公司，也不遑多讓。三圓新店「養心殿」合建案總銷60億元，三圓可分回30億元，2012半年已入帳18.9億元，加上板橋「新巨蛋」餘屋去化，推升該公司2012上半年獲利爆衝，上半年營收27.92億元，年成長近2倍、稅後淨利9.02億元，年成長5.6倍。

　　稅後EPS高達15.04元，不僅創該公司獲利歷史新高，也成為上市櫃營建族群獲利王。

其次，三發地產在新莊「幸福公園一、二期」，及高雄「總裁新天地」透天案入帳下，半年報獲利亮眼，稅後淨利達2.15億元，年增率52.5％，稅後EPS1.34元；三發2012年底，個案將陸續完工交屋，法人預估，該公司全年EPS有上看3.5元的實力。

達麗2012第一季虧損0.21元，第二季在林口「世界首席」開始入帳下獲利2.3億元，出現大幅轉虧為盈，累計上半年稅後淨利達2.31億元，稅後EPS1.94元。下半年該公司主要業績來源，仍將是林口「世界首席」及竹北的「世界之窗」2個案入帳。

力麒在「麒御」案開始入帳後，拉升上半年營收達17.52億元，稅後淨利4.49億元，稅後EPS0.71元。但力麒「新安產險大樓」店面出售入帳，7月營收跳升至16.84億元，該案處分利益約9.6億元，單月EPS貢獻度達1.63元。

可能買不起一定要知道

亞洲週刊，於2012年分別從台灣、日本、新加坡、香港、澳門、馬來西亞、中國大陸等地挑選出最能代表「21世紀亞洲八大趨勢豪宅」，放眼新世代的環球頂級豪宅，不再單單比拚售價貴、比面積大、比名氣高，還要比較獨特性與獨創性，這些位於亞洲地區不同城市的豪宅，從建築、環

境、生活等不同美學角度，解構其主題設計意念，以及居住空間的配置，領略新時代質量並重的富豪文化世界。台灣由鄉林建設所興建的「鄉林皇居」入選。

該建案於2012年落成完工後，改變了台灣豪宅的定義，從一進入門口的超大門廳，就比五星級飯店迎賓門口大3～5倍，加上中庭廣場的水域造景，空間舒適已成為最大的特色賣點之一，尤其規劃3大游泳池，連游泳池都比五星級飯店還要頂級。

鄉林集團董事長賴正鎰指出，現今的豪宅不僅比地段、比質感，還要強調功能，挾著韓碧樓

鄉林皇居是目前全台中佔地空間最大，高達3,500坪，一次連推6棟會館，因此極寬敞的公共空間成為台中豪宅代表，並強調其設施「比飯店還要更飯店。」

八大趨勢豪宅代表著「生活要就是不斷地超越現在」。由於生活品質不斷地在提昇，住戶更願意投入在住家的環境佈置，豪宅極度強調設計概念、追求文化、創意和生活美學，「豪宅已經不僅僅只是住家！」

抗通膨
營建、資產
強強滾

政府開放陸資來台投資將大幅鬆綁，台商為求兩岸布局，紛紛加速資產活化，以籌措資金。

2012年台灣油電雙漲，推升物價高升。主計處對物價預測屢屢上修，但對台灣經濟成長率卻不斷下調，在通膨壓力下，預估2012年央行不會降息，全年CPI（消費者物價指數）年成長率，約2％左右。

在物價高漲環境下，自然引導市場資金往保值資產流動，加上美元指數下滑，台幣走強，促使資產題材升溫，而營建、資產股又具備抗通膨題材，吸引不少資金進駐。

營建、資產股自奢侈稅上路以來，股價已跌至相對低點，再加上低基期的優點，成台股新亮點，市場資金避險好去處。

資產活化一覽表

產業別	公司名稱	持有土地
金融	合庫	北市長安東路與八德路附近，土地約4600坪…
	華銀	北市信義區華銀總行世貿大樓，機地約2700坪
	台銀	北市庫倫街、錦州街、羅斯福路、館前街、中山北路等五件都更案
	土銀	北市大安路、杭州南路、敦化南路、新北市新店中華路、新竹計有五件都更案
化學	台肥	台北市南港經貿園區土地達3.6萬坪、基隆二廠土地面積近1萬坪、高雄廠在「亞洲新灣區」計畫的中心點，有一塊近3萬坪土地正進行自辦重劃
紡織	遠東新	亞東醫院捷運站旁有一塊總面積達24.45公頃的「遠東通訊園區」土地，可望成為遠東集團資產活化的金雞母。
	勤益	台北捷運新莊線的交叉點頭前庄站附近的土地資產達1萬多坪，桃園大園廠有近3萬坪資產，緊鄰桃園航空城，後市開發行情看俏
橡膠	南港	南港廠開發案總樓地板面積7.69萬坪，將開發為複合性商業區
汽車	裕隆	新店捷運大坪林站旁，擁有2.8萬坪的土地，
	三陽	內湖舊廠活化為企業總部園區
家電	三洋電	新莊廠，擁有2.3萬坪，位在新莊捷運站周邊，規劃以住宅、購物中心為主。
	東元	東元新莊舊廠也位於捷運環狀線頭前庄站附近，有1.2萬坪土地，將採聯合開發的模式，與建商進行住商混合開發
	大同	板橋廠明年啟動開發，土地面績達2.8萬坪

※資料來源：住展雜誌

土地開發利益大，非營建股活化資產

政府開放陸資來台投資將大幅鬆綁，台商為求兩岸布局，紛紛加速資產活化，以籌措資金。不少傳產以及金融業，紛紛加速進行資產活化。

根據住展雜誌統計，非營建業企業，或位在捷運站周邊，以及有都更題材的大片土地擁有者，挾著龐大的土地開發利益，活化資產已經全面啟動。

在財政部積極活化國有資產的方針下，加上國有地500坪以下的土地可望解禁標售，許多擁有土地資產的傳產業者，資產活化動作頻頻，繼台電、中油、台鐵後，這股風潮吹向金融業者；就是看好不動產，經過資產活化興建新大樓後，潛在增值空間想像大。

營建股近二年每股盈餘

代號	公司	2010年每股盈餘（元）	2011年每股盈餘（元）
2545	皇翔	0.62	4.19
5534	長虹	11.18	9.35
2542	興富發	10.43	9.19
5522	遠雄	9.48	7.67
2501	國建	10.61	1.87

※資料來源：YAHOO奇摩

糧食危機
黃小玉受惠股吃香

財經網站DailyFinance預測，旱災將使2013年食品價格揚升5%，美國四口之家，一年食物花費恐要增加近900美元。

美國是全球最大糧食出口國家，也是全球黃豆、玉米、小麥三項作物最大出口國。2012年美國遭遇半世紀以來最嚴重旱災，穀物和農民深受其害。

乾旱嚴重影響玉米和小麥等多種穀物的收成，由於穀物是多項食品重要的成分之一，例如：早餐穀片、烘焙食品、乳製品、雞肉和牛肉，進而推升食品價格上揚。

財經網站DailyFinance預測，旱災將使2013年的食品價格揚升5%，美國四口之家，一年的食物花費恐增加近900美元。美國因旱災肆虐，農作收成銳減，糧價上漲速度之快，引起聯合國關切，擔心2008年糧食危機重演。

渣打亞洲區研究部門的報告書表示：「若糧價在往後幾個月持續攀高，預期這股全球糧價漲風，到2013年初恐衝擊亞洲。依照關聯性分析，全球糧價高漲與亞洲糧食通膨的時間差約5到7個月。」

亞洲地區中，以越南、中國大陸及香港最容易受到糧食通膨威脅。CRB／路透糧食指數來看，這些亞洲經濟體的消費者物價指數（CPI）成份與全球糧價的關聯最深。「黃小玉」三大穀物在CRB／路透糧食指數的權重達18％。

CRB糧食指數每上升1個百分點，越南、中國大陸和香港的通膨率分別上揚13.7、6.3及4.9個基點。農糧價格急漲，相關農糧概念股具備低價庫存，或轉價效益，或具有延續相關產品價格及需求等利多。

台股傳產通路內需概念股中，具中國內需概念食品股，獲利表現普遍不錯，反應糧食價格上漲，大宗物資業者多有低價庫存，將帶動毛利率向上攀升。相關族群成長性逐月攀升，表現相對亮麗。

肥料概念股隨之受惠

美國乾旱，導致全球缺糧，除了農糧股看漲，也帶動

肥料需求走揚。由於相關農產品種植報酬率提升，整體農作物價格急漲後，將增加肥料使用量，以提升作物產出。

　　尤其是非乾旱受災地區，且為南半球國家，如巴西與阿根廷，亦是玉米與黃豆重要生產國，下半年耕種需求將增加，因此全球肥料需求將會增加。國內肥料概念受惠股，興農、東鹼、台肥、和益等也將受惠。

小叮嚀

亞洲地區中，以越南、中國大陸及香港最容易受到糧食通膨威脅。CRB／路透糧食指數來看，這些亞洲經濟體的消費者物價指數（CPI）成份與全球糧價的關聯最深。

糧食危機受惠股

代號	公司	營收比重
1219	福壽	配合飼料41.02%、油脂與食糧39.40%、單味原料14.28%、有機肥料2.66%、食品2.13%、其他0.51%
1231	聯華食	鮮食類38.69%、休閒食品類20.39%、堅果類19.55%、海苔類15.31%、沖調類4.50%、其他類1.55%
1218	泰山	油脂54.75%、畜產部26.86%、食品18.37%、營建部0.02%
1227	佳格	營養食品類82.17%、廚房料理食品類14.81%、其他3.02%
1217	愛之味	傳統類33.87%、飲料類33.12%、甜點類19.30%、乳品類8.39%、其他5.32%
1232	大統益	黃豆油、粉產品70.28%、其他27.49%、加工收入2.23%
1225	福懋油	油脂產品57.05%、單味飼料19.95%、配合飼料18.42%、消費品4.54%、加工收入0.04%

※資料來源：YAHOO奇摩

QE3實施
台股八仙過海

QE3實施，將使市場資金更加充裕。歷次美國聯準會寬鬆措施後六個月，台股平均漲幅17.34％。漲幅最大的前三名，依序為：營建類的67％、電子類的48.6％，以及機械類的34.4％。

　　美國聯準會(Fed)在眾所矚目下，終於在21012/9/14推出第三輪量化寬鬆(QE3)，宣布每月購買400億美元的抵押擔保證券(MBS)，並維持超低利率至2015年中，激勵美股三大指數齊漲，美元亦隨之走軟。QE3實施，將使市場資金更加充裕。摩根士丹利證券台灣區研究部指出，QE3造成貨持續寬鬆，對台灣經濟有四大影響：

一、出口復甦取決於QE3對實體經濟刺激的成效。

二、台灣的投資人將持續進行海外投資。

三、弱勢美元形成新台幣存款續增。

四、通膨成為台灣經濟的主要風險。

基於上述影響，摩根士丹利證券台灣區研究部認為，QE3長期對台股是不利的，因為台灣是高度依賴石油等原物料進口的經濟體。

而全球原物料價格飆漲勢必會帶動輸入通膨；此外，資金流入導致新台幣兌美元匯率相較於韓元兌美元匯率升值，也將衝擊出口。

不過觀察，台股在先前三次貨幣寬鬆政策期間（QE、QE2、以及Operation Twist）平均表現不錯，優於MACI全球新興市場指數，僅次於印度、南韓股市。

歷次美國聯準會寬鬆措施後台股表現

寬鬆政策	日期	實施背景	後一個月	後三個月	後六個月
QE1	2008/12/16	金融海嘯	-5.70	7.68	34.74
QE2	2010/8/27	美國經濟放緩	6.07	8.41	11.35
Operation Twist（扭轉操作）	2011/9/21	美債遭降評、且景氣下滑	-3.73	-7.56	5.92
平均			-1.12	2.84	17.34
QE3	2012/9/13	提振就業市場	—	—	—

※資料來源：YAHOO奇摩

前二次量化寬鬆政策（QE3），台股半年後都有不錯表現。此次QE3實施，也有法人表示：未來包括新台幣在內的新興貨幣，長線都有進一步升值空間。

有利於資產價值重估，並吸引資金流入，具有保值、抗通膨的資產營建、內需等族群領先受惠，另外紡織、鋼鐵、航運、造紙與原物料股相關概念股，也有機會沾光兩岸開放題材，業績展望向上可期。

QE、QE2扭轉操作實施期間各類股指數表現平均值

類股	前一個月	後一個月	後三個月	後六個月
水泥	2.0	5.6	4.5	26.6
食品	1.5	0.6	-.06	15.9
塑膠	3.0	1.3	3.5	20.1
機械	5.8	4.0	3.9	34.4
鋼鐵	2.5	-0.5	3.2	13.9
橡膠	8.0	5.5	5.3	37.4
電子	12.9	3.8	5.1	48.6
汽車	8.5	6.1	9.1	30.9
營建	7.6	7.0	0.8	67.0
航運	-2.5	2.1	-1.7	15.5
金融	9.2	8.7	5.9	32.5
台股	6.8	5.3	6.1	28.1

※資料來源：瑞士信貸證券研究報告　※單位：%

法人也踩雷

> 對股市行情判斷錯誤，導致虧損或錯失獲利，往往成為投資人心中最大的遺憾。

　　對股市行情判斷錯誤，導致虧損或錯失獲利，往往成為投資人心中最大的遺憾。如果告訴投資人，不僅小散戶會犯錯，連專業機構也經常「踩雷」；投資人的心情，會不會比較好一點。

　　2012年6月，新光金控召開股東會，由董事長吳東進親自主持。由於新光金已連續三年未發放股息，加上股票淨值，跌破票面（10元），不少小股東怨聲載道。

　　如果進一步追查，為什麼「發放不出股息」？董事長吳東進坦言，是投資團隊判斷錯誤「沒想到宏達電股票會跌這麼多」。因投資宏達電失利，導致去年股票投資虧損共

300億元。新壽6月底持有國外股票成本468億元，帳上未實現虧損則有175.5億元，若再加上國內外受益憑證等資產，新壽放在備供出售項下的金融資產共3,493億元，未實現虧損達512億元，已接近新壽股本546億元的金額。

無獨有偶。除了台灣專業機構「踩雷」；香港中信泰富也因「錯買澳洲礦場」，被媒體形容「虧大了！」

2006年香港中信泰富，斥資4.15億美元買下澳洲兩個，分別擁有10億噸磁鐵礦資源開採權公司Sino-Iron和Balmoral Iron的全部股權後，中信泰富就受限於澳洲環保政策嚴格，開採環評屢屢碰壁，專案開採不斷延期，至今仍未投產，因而產生巨幅虧損。

新光人壽2012年前6個月股票變化情況

項目／時間	2011/12	2012/6
國內股票持有成本	1,305	1,519
未實現部位	-326	-331
國外股票持有成本	478	468
未實現部位	-177	-176

※資料轉載：工商時報 ※單位新台幣（億元）

114

由於開採難度大、當地工人成本高、需要大陸本地員工，但簽證問題讓人力遲遲未能引進，加上澳洲環評層層限制，導致專案已經建設開採六年，期間被延期三次，至今仍未投產。

在不斷延期過程中，中信泰富每年必須支付數億美元貸款利息，項目迄今超支86％。

雖然中信泰富表示，2012年年底就會投產；但各界評估，因為國際鐵礦砂市場疲弱，該專案年底依舊停擺的可能性極大。

高盛日前公布報告指出，2012年初以來，鐵礦石價格從每噸138美元下降至9月的每噸100美元，持續下降的鐵礦石價格，對中信泰富的收入已造成威脅，中信泰富可能因成本問題拒絕投產。

高盛進一步分析，若中信泰富遲遲不投產，不但前期投資成本收不回，中信泰富也將面臨巨額資產減值的風險。投資者日報引用一名分析師的話指出，中信泰富已錯失最好投資時機，投資誤判最終將讓中信泰富產生巨幅虧損。

連專業機構也難免「踩雷」。所以，投資人千萬不要以為自己是「神」；萬一真的買錯股票，不要遲疑，越早認

賠殺出，損失越少。通常虧損5～10％，都屬於可以忍耐的範圍，拿回來的八～九成資金，可以保有再戰的本錢。若是拖著不肯認賠，當損失逐漸擴大至30～50％時，投資人更不願砍股。

一直要到市場風聲鶴唳，大盤呈現L型，投資人受不了時間的煎熬，又認為股市沒有希望了，才會以一了百了心態殺出。此時不但信心全無，本金也「賠了了」，完全失去再戰的機會。

小叮嚀

不僅小散戶會犯錯，連專業機構也經常「踩雷」。

抱著驚回檔
賣了怕續漲

「權證」具有槓桿效應，投資報酬率較高，市場有「投資股票獲利算趴數(%)，期貨算成數，而權證是算倍數」的說法。若買對權證，有時一天之中，就有漲好幾倍，或是一週之內漲幾十倍、幾百倍的機會。

「停損」不容易，有時「停利」更讓投資人內心煎熬。原因就在於「抱著驚回檔、賣了怕續漲」。

這是手中只有股票一種標的投資人，比較會面臨的難題，如果適時的配上一些衍生性金融商品，就可以克服上述問題；其中「權證」就是一種能提供避險管道功能的商品。

權證除了單獨買賣，也可以搭配股票一起操作。當股票市場振盪很大、市場看法 分歧時，可藉由現股配合權證，作反向操作以規避風險。或是手中的股票飆了一段，每天掙扎在「賣了怕再漲、不賣怕回檔」時，就可以賣出股票落袋為安。

然後再用一點資金購買「認購權證」，若是股價持續上漲，權證的獲利將大於股票，可讓投資人獲利幅度放大；若是股價就此下跌，因為「權證」保證金有限，虧損不大，算是一種進可攻、退可守的策略。

若是不願賣出持股，也可以搭配各股「認售權證」，一樣可以鎖住風險。

舉例來說：APPLE每次要推出新手機，台灣代工廠商股價都會配合演出。2012年下半年，iPhone5傳出準備上市消息後，鴻海股價也隨之上漲。從八月底的80幾元，一口氣漲到97元高價，漲幅約有15％，之後股價開始盤整。

若手中持有鴻海股票的投資人，一方面覺得鴻海股價可能短時間內無法突破百元大關；又擔心萬一股價就是該回不回，繼續上漲，豈不錯失後續賺錢機會。

若遇到這種情形，投資人就可以將手中，已經獲利15％的現股賣掉，再以部份資金購買鴻海相關「認購權證」。

若是鴻海股票繼續上漲，便可以輕鬆享受「權證」操作，帶來的槓桿效應；萬一，鴻海股價果真就此反轉，因為權證保證金有限，虧損可以控制，算是一種穩操券的策略。

權證槓桿效應大

權證因為具有槓桿效應，投資報酬率較高，才會有「投資股票獲利算趴數(%)，期貨算成數，而權證是算倍數」的說法。若買對權證，有時一天之中，就可能漲個好幾倍，或是一週之內漲個幾十倍、幾百倍也是常見之事。

投資權證的優點

1、槓桿效果大

買進一張台積電股票大約要8萬元，就算融資也要3萬2，但是同一時間買台積電權證可能一張只要幾百元。也就是說：如果手中有8萬元只能買一張台積電，但卻可以買300張以台積電為標的物的權證，以投資金額的百分比來看，買認購權證的槓桿倍數，比起現股要大得多。

2、低檔風險有限

對於想買台積電股票，可是手中資金卻不夠的投資人，有兩種方式：一種是融資、另一種則是買權證。採用融資方式買進台積電股票的投資人，一來要支付利息、二來萬一遇上股災，股價嚴重下跌，會面臨融資追繳斷頭的壓力。

但是對認購權證的投資者來說；股價若是慘跌，最大的損失就是當初支付的權利金，風險有限。只不過還是要提

醒投資人不要把所有資金押去買權證，因為權證有時間價值衰竭的不利因素，萬一買進之後股價一直不漲，到期沒有履約價值，想脫手卻求售無門，當初投入的權利金，會全數化為烏有。

3、上檔獲利無窮

以新生代藝人小巴買「泰偉」權證為例：泰偉股價在2007年7月初時是184.45元，而7月最高點來到369元，漲了184.55元等於漲了100%；但同一時間小巴買的權證卻漲了700%，獲利幅度比現股高出太多了，而現股中也很少有在這麼短時間內漲7倍的記錄。

4、提供避險管道功能

權證除了單獨買賣也可以搭配股票一起買賣，當股票市場振盪很大、市場看法 分歧時，可藉由現股配合權證作反向操作以規避風險。或是手中的股票飆了一段，每天掙扎要不要賣，賣了怕再漲、不賣怕下跌，這時候就可以賣出股票落袋為安，再用一點錢買權證，若是上漲一樣可以賺，若是下跌賠的有限算是進可攻、退可守的策略。

5、時間較充裕

與權證類似的商品還有股票選擇權，股票選擇權的期間較短，合約有當月、3個月、6個月、9個月，通常只有當月合約有成交量，次月以下都不容易成交；認購權證的期間

較長，目前券商大都以6個月為發行時間，若面臨短暫的下跌或盤整，都還有機會扳回一成。

6、手續費便宜

買賣權證的交易成本有手續費及交易稅，手續費比照股票交易手續費，上限為權證市價的千分之1.425，至於實際比率則因券商不同而異；交易稅賣出時支付，為權證市價的千分之1，較股票的千分之3還少。

投資權證的缺點

1、萬一被套牢，權證無法像現股一樣可等待解套

買股票萬一被套牢了，頂多就是暫住「套房」等著解套。假設我們在台積電股價90元時買進，之後台積電若下跌至80元，投資人如果沒有資金壓力，就可以抱著台積電慢慢等它回到90元再尋求解套，或是長期投資，明年等配股配息。

權證則不同，權證有時間的壓力，權證的存續時間愈長，時間價值也會愈大，所以時間就是金錢。若買了權證，股價一直不動或下跌，手中權證價值也會愈來愈低，而時間越接近到期日時，時間價值的消逝也越來越快，快到履約日時，萬一股價沒有達到履約價，大家爭相賤賣，權利金就會歸零。

2、成交量不夠大時，會導致權證無法成交

各人曾經在2006年7月買進以正崴為標的股的富邦93權證10張，成交價1.42元，共支付14200元，到了8/25這檔權證價格已經來到1.92元，算算獲利幅度已有30％，於是就請營業員賣出，誰知道卻賣不出去，一直到快要收盤了營業員才告知賣掉五張，剩下的五張一直到四天後才賣掉。

而價格卻已滑落到1.48元，兩次獲利相加只剩下5％，不過還好賣掉了，因為接下來正崴股價持續下跌，再加上履約日一天天接近，到時可能想賣都賣不出去了。

同樣的情形又在2007年12月中旬發生，台股在13日大跌了302點，到了14日開盤後指數已接近8100點附近，覺得已經跌了這麼多了，大盤應該隨時有反彈機會，但又擔心大盤漲，自己所挑的個股不漲，於是就選擇台灣50指為標的的權證統一L4，成交價0.1元。

心想只要大盤漲台灣50一定漲，權證也會隨著漲；誰知道卻發生明明指數漲，50指也漲，但權證卻因為沒有交易量，根本不漲的狀況。

以「慎」取「勝」

> 鱷魚捕食與人類投資很像，如果投資人能有計畫的提早佈局，看準了買在那裡等，比天天追價，高明太多了。

　　三國時期謀士諸葛亮，輔佐劉備長達幾十年的時間裡，多次用兵，尤其是長途跋涉幾千里，攻打曹軍時，雖然總是缺兵少糧，不過幾乎每戰皆捷。依諸葛亮的說法，是從不打沒把握的仗。奉行「先求不敗、再求勝；則不至躁進」的心法。依歷年投資經驗，將投資歸納出簡單的「四不二要」如下：

　　四不：
　　1、不懂的不買。
　　2、沒有專業的不買。
　　3、淨值低於市值不買。
　　4、經營者品德不好不買。

二要：

1、要提早佈局

有一次陪兒子到動物園，看到鱷魚張著嘴巴，靜靜的趴在一旁動也不動。當時還搞不清楚牠在做什麼，回家查了一下資料才知道，鱷魚捕捉食物時，通常會一動也不動地趴在河床上，同時張大嘴巴，並抖動著舌尖上粉紅色蠕蟲狀的小肉球，引誘獵物自動上門。

等到獵物爬進嘴裡，再砰的一聲將嘴巴閉起，這時獵物就嘴到擒來了。如果鱷魚看到獵物再張嘴，跑得快的獵物早就逃之夭夭，捕獲的機會自然少一些。鱷魚捕食與我們人類投資很像，如果投資人能有計畫的提早佈局，看準了買在那裡等，比天天追價，高明太多了。

2、賺了錢要記得跑

YAHOO理財網專欄作家黃逸強先生，對投資有五字訣，十分有趣，這五字分別是「本、準、狠、忍、滾」。也就是：投資要有本、選股看得準、下手要夠狠、沒行情要能忍，最經典的是賺了錢要記得快滾。

其實獲利多少該出脫，一直是投資人的盲點；有時覺得高點未到，誰知一夕之間就變盤了，最後落得紙上富貴一場；有時又覺得漲不動了，獲利5％出場算了，誰知隔天就起漲。投資股票風險不低，因此不需要跟它天長地久，賺了

就跑才是上策。預設停利點，有時是最好的方式，當股價到達目標價，就可開始分批出脫，不論賺多少，總比賠錢好。

台股新變革

2013年起，台股有二大變革。一、8500點以上賣出股票將課徵證所稅。二、超過新台幣5000元以上的利息或股利所得，都要被課2%的補充保費。對台股的影響如下：

一、台股8500點成天險~大盤指數來到8500點之前，部份投資人會獲利了結。一般而言，股市的行情不外乎上漲、盤整以及下跌三種情況。

台灣股市的特性，是漲得急，跌得快；其餘時間大都在盤整。也就是說：每年台股盤整時間就占了80％，只有20％的時間，才是上漲或下跌。台股原本就是區間盤，指數大約在4500~7500之間。現在再加上8500點以上課徵證所稅，指數區間會更為縮小，增加投資人操作難度。

證所稅方案內容

奢侈稅上路，財政部公告證所稅施行細則及選定辦法。若未在2012年11月16日到12月15日間，向券商申請選定核實課稅，將被視為「設算扣繳」。

施行細則中明訂，核實申報證券交易所得，要以「個人」為單位來計算股票投資的損益，再申報綜所稅。不過，若採核實課稅方式申報證所稅，同一申報戶中夫妻和被扶養人，所有的股市投資要自己個別計算證所稅稅額，自己的損益自己算，夫妻等同一申報戶的每個投資人盈虧不能互抵，隔年五月再合併申報綜所稅。

　　施行細則規定，如果投資人有兩個以上證券戶，所有戶頭在同一年度申報證所稅方式必須相同，例如選擇核實課稅，就要全部統一採「核實課稅」制，如選擇設算扣繳，則全部統一採「設算扣繳」制。

　　若兩個以上證券戶採不同證所稅申報方式，全部被國稅局強制改為「核實課稅」。最新出爐的證所稅稅法規定，核實課徵的投資人，按單一稅率15％分離課稅，但持有一年以上股票減半課稅（等於稅率7.5％），IPO（首度公開募股）後繼續持有三年以上股票再減半課稅（等於稅率3.75％）。

　　施行細則規定，要在集中市場或店頭市場中交易的股票，才算是上市櫃股票，因此，上市公司的私募股，就算是未上市股票。持股一年以上的定義是指取得日起到轉讓日為止滿一年以上；ＩＰＯ後繼續持有三年以上的定義，則為掛牌日開始至轉讓日。若採核實課稅方式申報證所稅，可享有

盈虧互抵的好處。施行細則指出,盈虧互抵的方式是依持有股票類型有無優惠分別計算損益後,再合併抵減盈虧。賦稅署官員指出,此種計算方式,對投資人最為有利。

施行細則強調,股民若想享有IPO後繼續持有三年以上稅率減為3.75%的優惠,必須持有相關憑證,以實際成交價格及原始取得成本來計算交易所得。

二、台股近年殖利率平均4.5%,如果被課以2%的健保補充保費,投資人獲利將縮減。

外資認為將衝擊台股後市,台股將不會再有除權息行情,甚至可能演變成股民逃難潮。

至於2%的補充保費課徵對象如下:

> 1高於四個月月薪的獎金
> 2兼職所得
> 3租金收入
> 4執行業務收入
> 5股利所得

二〜後五項下限,都是五千元,上限則全是一千萬元。股利所得部分,現金股利及股票股利均將課徵。兩者若在同一基準日配發,將合併計算;若未同日配發,股票股利

的補充保費可先從現金股利中預扣。股票股利以面額十元計費，也就是只要配股超過五百股，就要課補充保費；若配發六百股，就要繳一百二十元的補充保費。

 **證所稅方案**

課徵對象	個人	
年度	102～103年	104年～
計算所得制	股價指數8500點以上，以1千點為級距，按賣股所得千分之0.2、0.4、0.6	取消設算所得制
核實課徵制	下列情形核實計算所得稅15% 1、為上市櫃股票。 2、出售興櫃股票100張以上。 3、民國102年後初次IPO後首次交易10張以上。 4、非居住者。	下列情形核實計算所得稅15% 1、為上市櫃股票。 2、出售興櫃股票100張以上。 3、民國102年後初次IPO後首次交易10張以上。 4、當年出售股票10億元以上。 5、非居住者。
備註	下列情形核實課徵者，持股一年以上稅率降7.5%，IPO於上市櫃後持股超過三年以上稅率3.75%。且證券交易損失可於當年度扣抵	

※資料來源：財政部

第三章

ETF當道
股票、基金靠邊站

ETF兼具股票與基金優勢，省去選股麻煩
（成份股包含一籃子股票），可以達到分散
風險的目的，又不用支付經理費；聰明投資
人千萬不要錯過！

基金經理人
不告訴你的秘密

「基金」投資雖然優點多多；不過缺點也不少：有基金經理人操盤不代表一定獲利、投資成本高、風險沒有充分預告以及市場總是一窩蜂推出某類基金，投資人易遭套牢。

　　根據理柏（Lipper）統計，境外基金在2010年及2011年全球銷售排名前三名分別是義大利、瑞士及台灣。

　　台灣近兩年銷售金額分別是669.7億美元、514億美元，雖然鄰近的香港也進入全球銷售前十大，不過年銷售金額只有200多億美元，比台灣少很多。

　　至於，境外基金在台灣熱銷的原因，理柏亞洲區研究總監馮志源表示：主要是國內對新金融商品鬆綁不易，引導資金往共同基金走。

　　如對沖基金在台灣就不能公募、私人銀行可以經營項

目受限等……加上境外基金種類多，國內投資人愛嘗鮮、同時也得到滿意報酬率，讓境外基金在台灣風行程度超過其他亞洲國家。

至於國內基金，銷售情形則是「略遜一籌」。2012年國內投信公募基金的規模約為1.8兆台幣，略遜於境外基金的2.4兆；不過二者相加，也有超過四兆台幣的規模，可見台灣人真的很鍾情於投資基金。

投資人挺基金≠基金挺投資人

「基金」挾著一籃子股票、小錢就可以投資、定期定額可以平均成本、長期投資獲利率高以及有基金經理人操盤

境外基金總銷售額變化

國家	2011年	2012年
義大利	1077.57	919.76
瑞士	682.92	661.83
台灣	669.71	514.09
德國	621.63	499.95
香港	263.12	232.98

※資料來源：LIPPER　※單位：億美元

等優勢，成為上班族投資時的首選，定期定額加單筆投資人數，已突破百萬人次大關。「基金」投資雖然優點多多；不過缺點也不少。

包括：有基金經理人操盤不代表一定獲利、投資成本高、風險沒有充分預告以及市場總是一窩蜂推出某類基金，投資人易遭套牢……。

回顧國內基金產業二十年的發展歷史，交出的成績單，好像也並不怎麼亮眼。

Lipper資料顯示，自1998年以來到2012年，在全台逾一千五百檔基金中，以原幣計價，只有十檔基金呈現年年正報酬。而且遺憾的是，國內投信公司發行的七~八百檔基金，竟然一檔都沒有入選！

若以國內股市表現不好，進一步以國內投信發行的二百多檔境外基金為篩選標準，還是找不出任何一檔基金有此佳績。對此，基金公司或基金經理人是否該給投資人一個交代？好像也從來沒有此類消息出現。

2012年6月國內基金規模高達1.8兆台幣，基金公司收取的1.5%經理費（1.8兆×1.5%＝2.7億）卻一毛也沒少收；這還不包括手續費或贖回、轉換等其他費用。

十檔連續十五年正報酬基金表現

基金名稱	一年	二年	三年	十五年
PIMCO-總回報債券基金	7.14	10.06	22.72	158.20
駿利靈活入息基金	6.20	10.03	22.08	95.20
瑞銀（盧森堡）澳幣基金	3.89	8.47	12.37	94.62
富達基金II-澳幣貨幣基金	3.31	7.15	10.22	78..24
瑞銀（盧森堡）英鎊基金	0.42	0.90	1.34	67.20
駿利美國短期債券基金	2.25	3.29	8.07	63.30
木星英鎊貨幣基金	0.20	0.41	0.53	57.14
富達基金II-英鎊貨幣基金	0.06	0.11	0.16	54.35
保德信瑞騰基金	0.68	1.20	1.95	45.43
瑞銀（盧森堡）加幣基金	0.50	1.03	1.23	44.10

※資料來源：Lipper　※以原幣計算至：2012.8.23　※單位：%

債券發燒　倒吃甘蔗二頭甜

這樣操作　賺很大

ＥＴＦ當道　股票．基金靠邊站

精打細算買保單

2012年8月初，某報有則新聞，標題是：

「十強基金短中長一把罩」部分內文如下：

統計台灣投信全部發行的六三七檔基金中，近一月、六月、一年、二年的基金績效都是正報酬者，共有三十九檔基金。另外，淨值創新高的有十檔，堪稱短、中、長期均強、一把罩的十強基金。

看到這一則新聞，不知投資人有何感想。

十強基金近一年報酬率最好的6.43％，最差的二檔報酬只有0.66％、1.24％，比郵局一年期定存1.370％還差，且銀行定存是無風險投資。

這還是十檔強者恆強基金所繳出的成績單，其餘六百多檔台股基金的績效，就更不敢奢望了！

十檔強者恆強基金績效

基金名稱	7／31淨值	近6月	近一年	近二年
群益 多重收益組合	12.58元	2.61	1.62	4.83
匯豐五福 全球債券組合	12.18元	3.47	2.99	2.24
柏瑞旗艦 全球安穩組合	12.70元	3.28	1.24	6.59
聯邦優勢策略 全球債券組合	14.02元	4.96	5.38	6.26
第一金 全球高收益債券A	13.13元	3.60	6.29	12.86
柏瑞 全球策略高收益債A	11.35元	4.59	3.27	9.37
德盛安聯 全球債券	11.59元	3.27	2.83	4.94
德信萬瑞	10.77元	3.06	4.52	4.00
保德信 全球消費商機	11.59元	13.52	6.43	20.60
保德信瑞騰	15.02元	0.34	0.66	1.18

※資料轉載：工商時報　※統計至：2012.7.31　※單位：%

債券發燒　倒吃甘蔗二頭甜　這樣操作　賺很大　ＥＴＦ當道　股票‧基金靠邊站　精打細算買保單

基金經理人**操盤** ## 不代表一定獲利

基金經理人與投資人的策略或目標不完全一致，所以即使是有基金經理人把關，投資人也不能以為一切OK！

通常一檔基金成立後，會由一位、二位，甚至一個TEAM負責操作。經理人操作期間會依景氣循環或各股表現，更換持股。

基本上這檔基金是長期存在的，除非是基金規模逐漸縮小，小到一定程度（以往國內基金規模降至2億台幣以下，就會被主管機關要求進行清算或與其他基金合併，目前雖已取消此規定；但基金規模過小，還是會影響經理人操作成效）。

至於績效，許多基金經理人是以打敗大盤為目標，只要長期績效優於大盤，就算是操作成功。既然基金經理人與

投資人的策略或目標不完全一致，所以即使是有基金經理人把關，投資人也不能以為一切OK！

另外，一般投資人比較不會注意到基金公司持股規定。依據主管機關法令，國內股票基金持股比重應在七成以上。

也就是說：即使碰到空頭市場，明知會下跌，基金經理人也不能賣光股票，只能抱著七成股票看著它下跌；說得更明白一點「基金是躲不過股災」，頂多只能更換持股，將損失減少。

除了股票基金有持股限制外，其他如平衡基金、組合基金及原物料等各種基金，都是屬於做多型基金，也就是市場上漲才會賺錢，碰到金融風暴來襲，各商品都會下跌，只是跌幅不同，並不能避開風險。

所以，當基金達到一定獲利，投資人就應該進行停利，同時也應該設定停損點；若覺得這檔基金很有潛力，則可趁回檔時，再行進場加碼。此外，若發生以下幾種情形時，投資人還是要有所因應：

1、所持有的基金績效表現，落後於同類基金時，就應該考慮更換基金。

2、基金更換經理人時，可以觀察一段時間，若績效不如以往，也可以考慮轉換其他基金。

統計績效不代表投資人的績效

不知道投資人有沒有發現，近期各機構出示的資料都是較短期（大都為2008年金融海嘯過後之統計）。因為，若是將時間拉長，則多數還是呈現虧損現象。

只公布對基金公司有利的績效，比較能吸引投資人，至於，更長且呈現虧損的績效，能不公布就盡量不要公布，並沒有欺騙投資大眾，只是長期績效難看，不提也罷！萬一，近一、二年績效都不好看，基金公司就會將統計時間拉長，五年甚至十年績效都會被公布出來。

然後告訴投資人，短期虧損不算什麼，基金一定要長期投資。然後再公布一份「定期定額投資基金，一年之內就出脫的投資人，有三成是賠錢的；如果把時間拉長到六年，則有85%的投資人可以獲利」的報告書。投資人若認同，就會繼續「傻傻買」，不知道結果是否真的能「聰明賺」。

其次，基金公司公布績效的基期，也與一般投資人不同。有時是以某一個時點為基期，譬如：2008年金融海嘯過後，2009年初起算至今；或是每年初、每季初、半年

2012年前三季各類台股基金表現

類型	第一季	第二季	第三季	平均
中小	16.8	-6.95	6.79	16.06
價值	13.00	-6.80	8.55	14.32
一般	13.92	-6.74	7.24	13.93
科技	16.86	-7.74	5.65	13.90
中概	14.78	-6.69	5.86	13.38
其他	14.71	-6.37	7.09	13.01
指數	11.66	-7.81	9.46	12.68
上櫃	17.35	-8.53	4.67	12.35
加權指數	12.17	-8.03	6.00	9.36

※資料來源：LIPPER　※單位：%

等……績效，除非是投資人同時在此時點買進，否則投資人的績效不一定會與基金公司公布績效相等。

2012年台股各類基金表現，到第三季底全都呈現正報酬，投資人可以對照自己手中基金，照理說應該也是正報酬；若出現績效不如平均數，甚至出現負報酬，就是進場時點與統計基礎不一，所導致的差別。

市場總是一窩蜂推出某類基金

國內目前約有四十幾家基金公司，平均每家基金公司一年發三檔基金，乘上基金公司家數，等於每年有一百多檔新基金要募集，再加上舊有基金，單以國內基金而言，就有高達六～七百檔的基金可供挑選。

遇到某種「標的」熱門時，基金公司更是一窩蜂搶著募集。投資人若是參加了基金募集期的說明會，或是聽從理專建議，買進這類基金，十有八九，都會買在高點，等於一買進就被套牢。

2009年基金市場最熱門的標的莫過於大中華，當時至少有十家以上投信發行相關基金，至於績效如何，從下表就可看出結果。另外，2010年最熱門基金則是金磚四國中的巴西。2009年巴西指數從4萬點一路上漲到6萬8千點，漲幅

大中華基金

基金名稱	成立日期	當年績效	近一年	近三年	成立以來
匯豐中國動力	2009/03/23	22.8	3.42	-14.51	2.50
永豐大中華	2009/04/06	23.6	-6.97	-28.55	-15.9
新光中國成長	2009/04/20	32.5	-34.53	-30.68	-12.80
安泰ING中國機會	2009/04/22	13.3	1.46	-17.86	-9.4
德盛安聯中國策略增長	2009/05/18	22.1	3.51	-13.82	0.40
華南永昌黃河世紀	2009/09/07	2.7	-6.27	-26.63	-26.70
第一金中國世紀	2009/10/22	-0.5	-4.55	—	-28.70
國泰中港台	2009/11/30	-1	-9.96	—	-28.60
摩根JF中國亮點	2009/12/01	-0.2	2.46	—	-20.90
群益華夏盛世	2009/12/22	-0.1	-4.69	—	-14.60

※資料來源：YAHOO奇摩　※統計至：2012.9.16　※單位：%

將近七成。國內投信也在當時募集了三檔相關基金。2010年巴西指數最高曾經漲到7萬多點，2011年開始大幅修正，2012年初反彈之後，又跌回5萬多點。

三檔巴西基金，開募就捧場的投資人，等於一進場就買在相對高點，手腳快的在當年底出脫，還有6~12％的獲利；若繼續持有，最多虧損高達30％。

巴西基金

基金名稱	成立日期	當年度績效	近一年	成立以來
瀚亞巴西基金	2010/01/06	6.70	-8.96	-30.00
安泰ING巴西	2010/04/01	8.60	-8.83	-24.60
保德信拉丁美洲	2010/04/16	12.00	-0.33	-9.40

※資料來源：YAHOO奇摩　※統計至：2012.9.16　※單位：％

風險預告書
先射箭再畫靶

為了不讓「到手的肥羊」跑掉，某些理專會移花接木，或是修改資料，以符合風險預告。如此一來，即使未來投資出現虧損，也有預告書為證，輕易逃避責任。

　　國內主管機關為了保護投資大眾，特別要求銷售單位，在民眾投資基金時，要先做一份風險測試表，依投資人可以承擔風險的程度，然後再決定投資基金的類型。

　　立意雖好，實際執行時卻落入「先射箭、再畫靶」，的欺下瞞上形式中。通常，理專會先詢問投資人，喜愛買哪一檔或哪一類基金。萬一投資人所挑選的基金是屬於風險較高類型，卻又因投資人年齡過大，不符合投資屬性；理專會輕描淡寫的預告風險。

　　若是投資人堅持，為了不讓「到手的肥羊」跑掉，就會移花接木，或是修改資料，以符合風險預告。如此一來，

即使未來投資出現虧損，也有預告書為證，輕易逃避責任。

基金各項手續費高

許多人投資基金，也像買股票一樣，喜歡炒短線，賺個5%就跑。股票交易成本低廉，再加上沒有匯兌因素，或許還可以賺點小利。

如果將這套炒作模式用在基金上，可能5%獲利，還不夠支付交易成本，或是利潤被匯損吃掉。投資人忙半天，扣掉成本獲利不多，還要承擔投資風險，算起來是賠本生意。

基金買賣各項費用比股票貴出很多（股票只有賣出時收交易稅千分之3、買賣手續費各千分之1.425，合計千分之5.85的交易成本，（103年開始加課證所稅，以台股8500點以上為稽徵點）10萬元進出股票市場一次，各項費用加起來不過585元，若利用網路下單，成本將更為低廉。

但基金費用就多出許多，買賣一次基金，至少有三~四項費用。這四項費用中，只有第二項手續費是外加，銀行會另行收費。

其於一、三、四項都內含，也就是說基金公司收到投資人的錢，會先扣掉經理費，剩下的金額才會去投資基金。

如果投資期間長達一年以上，贖回時銀行也會從贖回金額中，先扣掉保管費，再將餘額存入投資人帳戶內；至於轉換費則是發生在投資人想由A基金換成B基金時，也是先扣掉轉換費之後（銀行與基金公司兩方都會收取），再將餘額購買B基金。

投資人如果沒有細算，往往會忽略這一方面的成本；不過，投資人也無可奈何，因為銀行或基金公司都是直接從帳戶中扣款。

海外與國內基金各項費用比較表

各項費用	海外股票型基金	國內股票型基金
基金公司收取的經理費	一般在1.5～1.7%之間	一般在1～1.5%之間
銀行收取的手續費	一般約3%	一般約1.5%
贖回時銀行收取的保管費	投資一年以上才會收取，約0.5～1%	投資一年以上才會收取，約0.15～0.2%
轉換基金時，銀行與基金公司同時收取的轉換費	基金公司收0.5～1.5%，銀行收200~500元	基金公司收0.5%，銀行收200～500元

以單筆投資10萬元為例：一進一出，海外基金至少會被扣掉3,000元以上的費用。國內基金同樣單筆投資10萬元：投資一年後贖回，即使各項費用都以最低計算，也會被扣掉2,000元以上的各項費用。

若是以10萬元投資股票市場，一進一出成本只有（10萬×千分之1.425【手續費買賣各收一次】+千分之3【證所稅】），若是以不賺不賠計算，合計只有585元。

綜合上述基金各項優缺點，如果投資人還是能從基金投資中獲利，當然樂觀其成，也表示適合投資基金。

若是，該繳的費用一毛不少，卻總是賺少賠多，或許投資人就可以選擇具有基金特質，投資成本更為低廉的ETF著手。

小叮嚀

投資人如果沒有細算，往往會忽略這一方面的成本；不過，投資人也無可奈何，因為銀行或基金公司都是直接從帳戶中扣款。

有ETF可選
何必單戀基金

所謂ETF指數型股票基金（Exchange Traded Fund），是一種以追蹤指數表現為目的基金。

目前台灣目前市面流通的基金，都是主動式管理。也就是有專屬基金經理人負責管理以及操作，方法是以客觀的數據，加上主觀的判斷，來決定投資策略。

ETF與基金不同之處在於，「採取被動式管理」。證交所每季都會由獨立委員會進行審核，並於一、四、七、十月的第三個星期五的次一交易日執行調整，以貼近市場。

以台灣50為例：標的是以台股前50檔大型績優股為成份股。若是50檔大型績優股內容有所更動，0050就會自動更換持股，過程中不需要基金經理人操作。

ETF有兩大優勢

一、以指數追蹤獲利報酬，不用單獨研究個股表現。

二、所選的成份股都是績優股，且由多檔股票共同組成，不會因單一股價波動而對整體指數造成劇烈影響。

投資ETF類似基金，擁有一籃子股票，又具分散風險的優勢。更因不需經理費以及買賣手續費各千分之1.425，證交稅千分之1，成本更為低廉。換句話說：ETF等於是在股票市場中下單投資基金。至於，投資人最為關心的投資報酬，近五年指數ETF的報酬率，平均都優於台股基金。

13檔ETF各有特色

目前追蹤台股的ETF，國內一共有12檔掛牌上市。0050追蹤台灣50大成分股、0051是以臺灣中型100指數為成份股，至於代號0055的寶來金融則是以MSCI台灣金融為標的股。

大盤走勢決定ETF投資標的

當大盤遇到股災，呈現重挫時，想買股票卻又不知道該買哪一檔時，最適合挑選006204或0050。因為006204

是以追蹤台灣加權指數為主，走勢與大盤貼近、0050的持股內容則是以50檔大型績優股成份股，與大盤連動性高達九成以上；通常大盤上漲006204，0050就漲，大盤下跌006204，0050多半也是以下跌坐收。

　　舉例來說：2008年金融海嘯暴發後，台股由9月中旬的7000點一路重挫到11月，盤中最低點曾經來到3995點，之後開始反彈。如果投資人在指數落底後，不知該買哪一檔各股，選擇了0050。

台股指數與台股基金報酬率比較

項目	一年	二年	三年	四年	五年
加權報酬指數報酬率（％）	-17.98	-6.85	70.79	-2.77	9.39
台股基金平均報酬率（％）	-22.89	-21.30	40.47	-24.78	-15.34

＊加權報酬指數報酬率係指台灣加權指數除息還原。

＊台股基金為國內投資股票型基金上市滿五年、共146檔台股共同績效。

※資料來源：Cmoney、 Lipper※ 統計至：2011.12.30

假設進場點為2008年的12月31日，當時0050的股價為32.87元，一年後的12月31日，股價為56.45元，等於漲了七成。

同期間，許多類股或各股，並未能隨大盤同步上漲，或是漲幅比不上大盤；股災過後，產業結構可能產生變化的期間，0050就顯現出優勢。若是，大盤指數處於盤整階段，0050就難有表現機會。

2011年12月底台股指數收在7072點，到2012年8月31日大盤收盤指數為7397點，指數區間不大，8個月只漲了325點。

追蹤50大成分股的0050，同一時間在股價上也幾乎沒有甚麼表現，2011年台股封關時0050股價是49.81元，到2012年8月31日為止，股價為52.75元。

等於長達八個月的時間內，投資0050只獲利5％多一點。簡單整理，有波段大行情時，適合投資006204或0050；大盤下挫或是盤整期，投資006204或0050則徒勞無功。

國內指數型（ETF）基金有13檔

代號	名稱	內容	股價	成交張數
0050	台灣50	台灣50大成分股	55.15	4581
0051	中型100	臺灣中型100指數成份股	26.86	82
0052	FB科技	績優電子股	31.25	6
0053	寶來電子	績優電子股	23.36	19
0054	台商50	大陸投資穩定獲利的50檔台灣上市龍頭股	20.22	7
0055	寶來金融	MSCI台灣金融	11.56	766
0056	高股息	台灣高股息股票	25.00	365
0057	FB摩台	MSCI台灣指數	31.26	20
0058	FB發達	金融與科技外的八大產業股	32.59	7
0059	FB金融	金融保險類股	24.47	1
0060	新台灣	未含電子股50指數成分股	28.20	10
006204	豐台灣	台灣加權股價指數	39.80	2342
006208	FB台灣	50大成份股	32.31	858

※資料來源：YAHOO奇摩　※統計至：2012.9.28

利多消息
類股表現

當類股有利多消息傳出時，即使大盤處在盤整期，投資相關類股ETF，都能有不錯的獲利。

當台股中各類族群（例：電子類）接到大單或有利多時，也可以投資相關ETF，避免選擇各股，可能會發生「抓龜走鱉」的遺憾。

2009年傳出兩岸即將簽署金融監理合作備忘錄（MOU），追蹤台灣金融股的0055、0059（寶來金融、FB金融）就漲了一波。

2012年二岸簽定貨幣與投保協定，政府開放台灣銀行赴大陸設立分行等政策，0055、0059又漲了一波，二次漲幅都高達三成。

高股息指數，股利、價差二頭賺

每一檔ETF配息率都不一樣，但就過去紀錄來看，全數ETF每一年配息都順利填息。不過，每一檔ETF完成填息的時間長短不太一樣。

其中，臺灣高股息指數成分股的內容為台股市值前150大上市公司，從中挑選符合流動性測試標準，及未來一年預測現金股利殖利率，最高的30檔股票。

2011年台灣高股息指數現金股利率約5.70％，優於其他類型ETF；更勝亞太地區其他國家，並大幅超越美、日等國家。

此外，不管盤勢為盤整、上漲或下跌，台灣高股息指數長期累積效果佳。根據過去五年走勢，當盤勢處於下跌階段，高股息指數「抗跌」效果強，當盤勢上漲時，也具有「跟漲」效果。統計過去八年，臺灣高股息報酬指數累積報酬達121.02％，明顯優於加權股價指數。

投資人可透過國內股息型ETF，來參與市值大且年度營收績優的高股息公司之股利分配，並可享有成分股透明與指數，汰弱留強機制的優勢。2013年開始，凡單筆股利達到5000元以上，就要課徵2％健保補充費，算是台灣高股息

ETF的不利因素；幸好ETF並未列入證所稅課徵範圍，投資人可稍稍鬆一口氣。

 台股相關指數現金股利率

指數名稱	現金股利率	成分股檔數	發放家數
台灣高股息	5.70	30	30
電子股	3.88	100	82
S&P台商收成	3.61	50	47
台灣50	3.59	50	46
MSCI台灣	3.55	114	97
富櫃50	3.35	50	47
台灣中型100	3.25	100	81
未含電子股50	3.19	50	42
MSCI台灣金融	2.15	20	16

※資料來源：公開資訊觀測站、CMoney

利用ETF間接投資中國

在以往，投資人想要投資香港股市，有二種方法：一是透過券商複委託方式下單，再者就是到香港直接開戶；不但往來耗時，投資成本也比較高。

2009年九月，金管會與香港金融監理機關簽訂合作協議，同意雙方ＥＴＦ可赴對方市場掛牌買賣，打破過去買香港ＥＴＦ得靠複委託或飄洋過海到當地的不便。

近年來，陸續有數檔香港ETF在台股交易。寶來投信「標智滬深300ETF」是以追蹤滬深300指數為主，該指數是由滬深300檔股票組成，金融地產佔38.71%、其次工業15.18%、原物料15.12%、能源9.4%。

匯豐中華投信的「恆生Ｈ股ＥＴＦ」以香港股市為主，目前股票檔數為43檔，金融股的58.93%占最大宗，能源類股近20%居次，地產建築占6.35%。

至於「恆生指數ＥＴＦ」也是以香港股市為主，目前追蹤42檔各股。其中金融類股占48.39%為最大宗，其次為能源類股的11.56%，電訊11.37%、地產占10.07%。

至於，2010年發行的標智上證50ETF，追蹤指數為標

智上證50中國指數。幾檔ETF的主要投資，無論是連結大陸還是港股，都有一個共同特色，金融股的比重超高。匯豐中華代理的兩檔ETF，雖然追蹤標的是香港市場，但中國企業在香港掛牌的比重也不低，因此成分股中也看得見H股或紅籌股。

另外，寶來投信發行的ETF採連結式，匯豐中華代理的ETF，與凱基證代理的標智上證50ETF，則是直接跨境，兩者的最大差異在於交易單位。

香港或中國ETF之比較

代號	ETF名稱	追蹤指數	發行日
0061	寶來標智300ETF	滬深300指數	2009/08/04
0080	恆生H股指數ETF（恆中國）	恆生H股指數	2009/08/04
0081	恆生指數ETF（恆香港）	恆生指數	2009/08/04
008201	標智上證50ETF（上證50）	標智上證50中國指數	2010/12/08
006206	元大上證（以QFII額度購買大陸股票）	上證前50大權值股	2012/5/11

※資料來源：證交所

投資ETF也有**風險**

流動性不足，將產生買不到而將價位愈追愈高，或賣不掉
價位愈殺愈低的窘況，這一點投資人在進場前一定要多加
注意。

　　國內13檔ETF中，只有006204、0050以及0056寶來金
融的交易量，每天達到千張以上；其餘大都在百張單量，最
少的甚至一天只成交一張。一旦流動性不足，將產生買不到
而將價位愈追愈高，或賣不掉價位愈殺愈低的窘況，這一點
投資人在進場前一定要多加注意。

　　至於香港ETF，除了寶滬深每日交易量達數千張以
上，其餘三檔恆中國和恆香港，以及標智上證50，也和國
內ETF一樣，交易量明顯不足。

　　如果投資人了解ETF的好處，有越來越多的投資人願
意加入，流通問題自然迎刃而解。至於，投資香港ETF的風

險，包括港股沒有漲跌幅限制，遇到股災，跌幅驚人，一天跌個20～30％都有可能。

另外，港股或陸股收盤時間，都晚於台北股市，萬一台股收盤後，港股或陸股有個風吹草動，台灣投資人會來不及停損。沒有時間看盤，或是保守型投資人，投資前必須多加考量。

目前，有些投信也將ETF包裝成基金，讓投資大眾可以利用定期定額扣款模式持有。使得原本不需要基經理人操盤的ETF，又要因經理人的加入，而多支出一份經理費。其實，投資ETF根本不需要如此疊床架屋的方法。

唯一需要注意的，只是每個月向券商下單，如果金額太少，就改買零股，一樣可以達到定期投資的目的。最後做個簡單的整理，ETF具有低成本及簡便、分散風險等優勢，投資ETF等於投資一籃子股票，可以有效降低投資個股風險或產業風險；交易成本上，ETF管理費及交易手續費都低於一般股票型基金，賣出時千分之一的交易稅，更只有一般股票千分之三的1/3。

此外，ETF採被動式操作，降低可能因基金公司因素，例如更換經理人、盤勢研判錯誤或其他弊端而直接影響到績效。

S&P 500指數與黃金ETF及將問世

目前ETF占台股的成交值約1.16%，成交值相較歐、美與亞洲市場偏低許多。連結的標的，除了五檔香港ETF之外，其餘投資內容都是國內股市，商品不夠多元。為此，證交所正積極規劃連結美國S&P500指數ETF與黃金ETF，以及台灣企業經營101指數ETF，未來上市後，投資人的選擇，將更為多元。

近三年集中市場ETF市況

項目	2010年	2011年	2012年（9/30）
ETF日均值（億元）	7.95	14.6	10.01
占證券市場比重（％）	0.71	1.38	1.16

※資料來源：證交所

港交所五年年報概況

指標	2011年	2010年	2009年	2008年	2007年
營業額	78.55	75.66	70.35	75.49	83.90
稅後盈餘（億）	50.93	50.37	47.04	51.28	61.69
每股盈餘（元）	4.73	4.68	4.38	4.78	5.78

※資料來源：新浪網 ※單位：港元

台交所何時上市？

台股中有一千多檔股票，沒有一檔能保持年年獲利的佳績；反倒是主其事者（證交所）幾乎年年穩賺不賠（原有的證交稅、2013加上證所稅，以及其他資訊費等收入）。

在國外，許多證交所都上市，可惜台灣交易所卻遲遲沒有上市的計畫。對於這樣績優公司，投資人看得到卻吃不到，只能大嘆可惜。

如果，哪天台灣交易所上市了，投資人可別錯過了這檔，年年都會下金蛋的金雞母。香港港交所早在2000年就公開上市。上表是：港交所近五年年報概況，業績實在好的另人垂涎！

台灣最會賺錢的前五大集團

2012年排名	集團名稱	純益率（%）
1	兆豐金控	38.65
2	元大金控	38.50
3	台灣證交所	31.17
4	台積電	30.88
5	國票金控	30.70

※資料來源：中華徵信所2012年版「台灣地區大型集團企業研究」

第四章

精打細算買保單

台大財經系教授：「做風險管理，一定要同時思考二個面向。不能沒有好的想法；也不能沒有壞的打算。」

保險變革
幾家歡樂幾家愁？

在平均壽命的差別、費用的差別、以及利率的三差條件下，台灣壽險保單，依舊比境外壽險保單昂貴。

收到保險公司寄來的DM，上面寫著：人生有四大風險「走太快」、「殘悲哀」、「病不起」、「活著要用錢」，看了令人頭皮發麻。雖然大家都希望這些倒楣事，不要讓自己遇到；不過，誰也不敢保證，一定不會發生在自己身上。

這次保險公司一點都沒有欺騙「大眾」，四大風險確實存在；保險公司也設計了相關保單，而且給付優渥，可以協助家庭，避免或減輕「風險」。不過細看，保費卻貴得驚人，讓許多民眾處在「買不起」；卻又「不得不買」的二難處境中。

2012年七月國內保險業開始「調降責任準備金利率、

實施第五回經驗生命表、以及實施第二回年金表」，這三大動作，都牽動保費的計算基礎。

「責任準備金利率」決定了保險公司，必須提撥多少金額，作為保單的理賠準備金；利率愈低，保險公司要提撥的金額愈多，營運成本提高了，保費自然隨之變貴。

其次，「經驗生命表」是精算「台灣人的死亡率」。死亡率愈低、壽命就愈長；餘命增加，『照顧生存需求』的險種就會變貴。包括：醫療、癌症、重大疾病、長期看護、還本型商品等，都屬於「照顧生存需求」的保險。

保費調整狀態

險種	保費漲、降幅度
各式美元保單	漲8〜15％
各式醫療險	漲5〜10％
長年期台幣壽險保單	降2〜3％
定期壽險保單	降20〜40％
意外險	未調整

※資料來源：YAHOO奇摩

至於「死亡」險種，則因為國人餘命增長，保險公司理賠的時間可以向後遞延，有更多的時間運用資金為保險公司賺取利潤，因此，保單價格將因為壽命延長而變便宜。如：終身壽險、定期壽險等。

奇怪的是，明明國內保險環境出現利多，為什麼經過調整後的保單，卻還是比國外保單昂貴，由下表就可以看出端倪。

國內保單貴在哪裡？保險公司計算保費時，精算師會以三項數據為依據。一是平均壽命的差別、二是費用的差別、三是利率的差別。

台灣保險費與境外保險費比較表

	台灣	境外平均
死亡率	第五回經驗生命表	第九回 〜 十四回生命表
行政費率	31%	5〜10%
金融市場利率	十年期公債1.1799%	6.5〜7%

※資料來源：YAHOO奇摩

平均壽命的差別

假設：某一國家人民平均壽命是六十歲。三十歲開始投保的保戶，所繳交的保費，保險公司只能運用三十年；另一個國家國民平均壽命為八十歲，同樣三十歲投保人所繳交的保費，保險公司可以運用五十年；後者的保險費當然相對便宜。雖然，國內保險公司已將國人平均壽命，從第四回生命表提高為第五回生命表；但還是低於境外平均第九回～十四回生命表。因此，平均壽命的差別費率，仍然高出國外保單。

費用的差別

費用包含：營業費、行政費、業務員佣金……。以往電腦尚未普及時，所有工作都仰賴人工，各項成本當然居高不下。目前許多工作都已經電腦化，按按鍵盤，工作就完成，成本早已大幅下降。

但是保險公司還是依照，主管機關規定的二十年保單，費率不得高於31％上限計算；而國外保險公司的行政費率，限定只能介於5～10%之間。

對於這塊到嘴的肥肉（高額的既得利益），台灣保險公司是不可能輕意調降，保費當然就「DOWN」不下來。

利率的差別

以台灣投資環境而言，想要賺取較高利率的機會不多，2012/8月十年期政府公債殖利率只有1.1799％，再加上壽險公司又受到一些投資限制，所以不可能推出高利率產品。下表是台灣與金磚四國，十年期公債殖利率的比較表，可看出利率差別之大。

目前，台灣壽險的投保率，雖然已超過百分之二百，平均每個人手上，握有兩張壽險保單。

不過令人訝異，2011年：國人平均身故給付，卻僅有區區54.5萬元，支撐一個家庭一年的開銷都不夠；更嚴重的是，近年來國人平均保額，有越來越低的趨勢，很大的原因就是保費太過昂貴。

台灣與金磚四國公債比較表

國家	巴西	俄羅斯	印度	中國	台灣
十年期公債殖利率	9.64%	8.18%	8.14%	3.34%	1.7999%
主權信評	BBB	BBB	BBB-	A-	A+

※資料來源：lipper　※統計時間：2012.8

終身壽險
境外保單較便宜

> 境外保單，又稱地下保單。這類保單，沒有經過台灣主管
> 單位批准；萬一投保人與保險公司發生糾紛，將會造成投
> 保人求償困擾。

先說一個故事，謎底稍後揭曉。故事內容是：有一位消費者，想買一個「花瓶」，走進第一家商店，看中一款花瓶，不過價錢標得很貴，而且言明貨物出售，概不退還；這位消費者本著貨比三家不吃虧的想法，走到別家看看。

沒想到才走進第二家商店，赫然發現同廠牌「花瓶」，不但價錢比第一家便宜許多，還有完整的售後服務。聰明的消費者，你會選擇向哪一家商店買「花瓶」？

境外保單，又稱地下保單。由於這類保單，沒有經過台灣主管單位批准；萬一投保人與保險公司發生糾紛，將會造成求償困擾，讓許多投保人卻步。

對於，經過主管單位核准的商品，比較有保障，這樣
的說法，是有些質疑的。若說相對還到罷了，要說絕對，不
妨看看2008年9月15日，美國雷曼兄弟申請破產後，各國處
理的情形。

雷曼兄弟倒閉後，經過漫長的四年時間，待雷曼處理
完各項資產後，有關賠償事宜，才陸續展開。因各地政府法
令之不同，投資人得到理賠的成數也不盡相同。其中，香港
投資人，早在2011年就陸續獲得賠償。

雷曼兄弟破產各地處理賠償內容

國家、地區	賠償時間	賠償內容
香港	2011年3月	香港銀行公會公布雷曼迷你債券（台灣稱連動債）最終處理方案，16家承銷銀行同意向三萬多名投資者收回抵押品並發放補償，相當於客戶本金的85%至96.5%，總數達130億港元。
美國	2012年	投資人約拿回投資金額的27%。
台灣	2012年	扣除行政、訴訟等費用，投資人只拿回投資金額的15%。

※資料來源：香港太子資本

　　由於香港政府要求銀行公會，負起賠償責任，最終處理方案，是由十六家承銷銀行，同意向三萬多名投資者，收回抵押品並發放補償，理賠金額相當於客戶本金的85%至96.5%，總數達130億港元。

　　換句話說：香港雷曼債券賠償，是由銀行「埋單」，投資人債權轉交給銀行，由銀行再向雷曼兄弟求償。至於賠償不足部分，則由銀行自行提列呆帳。美國本土的投資人，是採直接向「雷曼兄弟」求償，待雷曼處理完各項資產，投資人拿回約投資金額的27%，還不到本金的三成；時間上也比香港投資人晚一年。

　　至於，可憐的台灣投資人，得到的賠償最少，大約只拿回投資金額的15%。原因是台灣主管單位，認為銀行只是「代銷」，因此銀行只需負責協助投資人向雷曼求償，至於因訴訟產生的律師、行政等費用，由投資人自行支付。七扣八扣後，最後台灣投資人只拿回一成五的本金，等於虧損85%；與香港投資人拿回85%相較，有天壤之別。

　　知名藝人曾寶儀也是雷曼債券的受害者。當記者追問曾寶儀八位數的投資，最後剩下多少？

　　曾無奈的表示：「收到銀行寄來帳單，發現數字少了個零。」曾寶儀活脫脫就是台灣投資人的代表，投資金額慘

賠九成，只拿回一成零頭。如果，曾寶儀是在香港投資雷曼債券，就可以拿回本金的85%至96.5%。同樣一家產品，只是在不同地區購買，出事後二地的理賠，卻呈現天差地遠。

實在不知主管機關，立了那麼多法條或法規，到底保障了誰？比較了雷曼兄弟各地賠償辦法後，讀者大概也猜出「花瓶」故事，所指為何了！

其實，每一個國家都有正派經營的好公司，當然也有不少存心不良的壞公司，無須替境外公司美言。境外公司路途遙遠，語言、文字、法律都不相同，再加上以外幣計價，可能出現匯兌風險，若是真要投資或投保，的確要格外小心謹慎。

不過，近年來拜網路科技的發達，動動手指敲幾下鍵盤，許多資料都可以查詢得到，也可以拜託國外親友，不至於無處查證。

港、台地區每百萬終身壽險比較表

男性	台灣平均保費	香港平均保費
30歲	35,000	12,000

※資料來源：香港太子資本　※單位：台幣

一般而言，投保境外保單，比較有爭議的部份是醫療險（因為牽涉到醫療認定、手術方式或理賠範圍…），所以應該避開爭議較大的險種。內容單純的壽險、年金險通常不會有太大問題。

下表是：全球500大企業，排名第37的某境外保險公司，所發行的終身壽險保單。以25歲男性、繳費20年、年繳保費2千美金（約台幣6萬元）為例。

這份保單契約成立之後，被保險人就享有身故賠償460萬（若以同樣金額購買國內終身壽險保單，大約只能買到保額200萬的壽險保障）。

利益說明

保單年期滿	在生時可領取現金				不幸身故賠償金額			
	保証	非保証	非保証		保証	非保証	非保証	
	現金價值	積存紅利及利息*	特別投資回報	現金總值	身故賠償	積存紅利及利息*	特別投資回報	身故賠償總值
	(1)	(2)	(3)	(1)+(2)+(3)	(1)	(2)	(3)	(1)+(2)+(3)
1	0	2,269	0	2,269	4,631,274	2,269	0	4,633,543
2	0	4,641	0	4,641	4,631,274	4,641		4,635,915
3	13,894	7,119	0	21,013	4,631,274	7,119		4,638,393
4	46,313	11,005	0	57,318	4,631,274	11,005		4,642,279
5	83,363	21,134	60,207	164,703	4,631,274	21,134	60,207	4,712,614
10	222,301	105,574	213,038	540,913	4,631,274	105,574	213,038	4,949,886
15	393,658	251,340	370,502	1,015,500	4,631,274	251,340	370,502	5,253,116
20	754,898	487,746	551,121	1,793,764	4,631,274	487,746	551,121	5,670,141
25	824,367	813,324	768,791	2,406,481	4,631,274	813,324	768,791	6,213,388
30	1,074,456	1,238,537	1,018,879	3,331,872	4,631,274	1,238,537	1,018,879	6,888,691
@60歲	1,120,768	1,787,086	1,398,644	4,306,498	4,631,274	1,787,086	1,398,644	7,817,004
@65歲	1,394,013	2,487,169	1,602,419	5,483,602	4,631,274	2,487,169	1,602,419	8,720,863
@70歲	1,444,957	3,373,003	1,801,564	6,619,525	4,631,274	3,373,003	1,801,564	9,805,841
@80歲	1,528,320	5,881,199	2,204,485	9,614,004	4,631,274	5,881,199	2,204,485	12,716,957
@90歲	1,593,158	9,780,288	2,602,774	13,976,220	4,631,274	9,780,288	2,602,774	17,014,336
@100歲	4,631,274	15,790,750	3,005,694	23,427,718	4,631,274	15,790,750	3,005,694	23,427,718

其次，台灣終身壽險保單，通常是被保險人身故後，由家屬請領保險金。若是期間需要用錢，有二種方式：一是部分解約、二是質借。部分解約保障會縮小，質借則需支付利息。

境外壽險保單，除了保障優於國內保單；另一項優勢就是可以當成年金使用。簡單說：這類保單兼具他益（壽險）與自益（年金）兩種優點，投保期間當被保險人發生事故，家屬可以領到保險金。

若是順利繳費期滿，也無任何事故發生，當被保險人退休後，想要每年領取若干金額，只要每年填寫一份申請單，保險公司就會將指定金額，匯入被保險人指定帳戶，被保險人可視金額多寡，或使用期限長短來訂定額度。

小叮嚀

一般而言，投保境外保單，比較有爭議的部份是醫療險（因為牽涉到醫療認定、手術方式或理賠範圍…），所以應該避開爭議較大的險種。

國內壽險
搶發外幣保單

> 要保人當然也可以向國內壽險公司，購買外幣保單，不過國內壽險公司一定會從中賺一手。

　　由於外幣保單利率，高於新台幣保單，各大型壽險公司，近幾年積極爭取外幣傳統型保單額度，2012年外幣傳統保單銷售量，可能突破3,000億元大關。

　　目前，十年期以上美元傳統壽險責任準備金預定利率約為3.5％，相對新台幣保單的2.25％，仍較具吸引力。換句話說：保戶購買相同年期、相同保障額度，美元保單，可能會比新台幣保單便宜2～4成。

　　要保人當然也可以向國內壽險公司，購買外幣保單，不過國內壽險公司一定會從中賺一手，費用會比直接向境外保險公司購買來得貴一些，此外還要注意匯兌風險。

國內終身醫療險佳優先選擇

國內壽險、年金險費用雖然高出國外許多；但是，醫療險或看護險則比國外便宜。尤其國外保險公司不可能有繳費二十年，終身保障的醫療險保單，大都是一些短年期的健康險種。

所以聰明的投保人，挑選醫療險時，一定要優先考慮國內終身醫療險。業者指出，國內健康險屬於壓在損益兩平邊緣線的險種，目前僅是小賺，未來若國人平均餘命繼續延長，醫療成本就會不斷提高，長年期的健康險，極有可能成為「賠錢貨」。

在「殺頭生意有人做，賠錢生意沒人做」的前提下。未來終生醫療險不是停售，就是漲價，所以能早買就早點買。另外，國人投保的風險意識雖然很高（醫療險保率高達232％）；不過保障卻明顯不足。

根據統計，醫療險給付平均每人1萬多元，但衛生署公佈的資料卻顯示，平均每位國人一年的醫療費用高達3萬8千多元！顯然國人醫療險的規劃仍有待加強。右表：是以男性25歲；投保某人壽健康終身健康保險10百元，繳費20年

台灣醫療險雖然比國外醫療險便宜；但有一事令人不

XX人壽健康終身健康保險（年繳保費15,120元）

終身健康保險	本人
急診保險金	1,000元
緊急醫療運送保險金	2,000元
住院日額保險金	1,000元
長期住院生活補助保險金	1,000元
加護病房保險金	2,500元
燒燙傷病房保險金	5,000元
住院手術醫療保險金	3,000元
門診手術醫療保險金	1,000元
住院前後門診保險金	250元
出院療養保險金	500元
重大疾病保險金	25,000元
健康醫療增值保險金	前述保險金總和(除重大疾病保險金)依照無理賠紀錄期間乘以相對應之增額

人、身障、失能人口推估數

類別	2012年	2025年
65歲以上老人人口	250萬人	460萬人
身障人口	110萬人	200萬人
失能人口	45萬人	88萬人
合計	405萬人	748萬人

※資料轉載：工商時報

解。民國84年開始實施全民健保之後，民眾住院或就醫都會使用健保，通常民眾出院時，大部分醫療費用，健保局都會買單，大概只會剩下病房差額或特殊用藥等費用。

如果是購買實支實付醫療險的民眾，也只能就帳單金額，向保險公司申請理賠。等於保險公司的醫療支出大為降低；但是保險公司卻沒有降低醫療保費。換句話說：保險公司既占了政府便宜，又賺了保險人的保費，然而這個問題竟然從來沒被討論過？

長期看護險值得買

台灣現有老年人口250萬，約占總人口的10%，不包括身障與失能人口；若依此推估到2025年，老人、身障、失能等需要長期照顧的人口數，將高過總人口的30%以上。

至於，目前誰來照顧生病的家人：由外勞照顧者占總體長照需求人口43%，家屬照顧約占33%，居家服務員照顧僅占7%。家人照顧中，又以「媳婦」為最主要的照顧者。

然而，統計至2012年5月，台灣人2千3百萬人，就業人數高達1千1百多萬，平均每二個人，就有一人就業，顯示現代家庭大都「家無閒人」。未來要依靠家人照顧的機率，

也越來越低。至於，政府的長照計畫立意雖好，但是礙於經費，不可能全時間照顧；應該還是屬於「喘息計畫」。有鑑於現實狀況，若經濟條件可以的家庭，大都會傾向聘請「瑪麗亞」來照顧。

目前家庭聘請一位外籍看護，薪資、就業安定費、體檢費、健保費……平均每月最少要支付22,000元。根據保險公司統計，一位中風或罹患重大傷病，需人照顧的患者，平均還可以存活五～十年。

下表保單：每月給付2萬元，累計給付144次為上限（最多可領取144個月）；領滿之後若仍符合「長期看護狀態」，則可再領取長期看護關懷保險金50萬，也是以領取一次為限。保單給付次數，長達十年以上，萬一不幸罹病，就不用為看護費擔憂了。此外，保單還涵蓋了一般保障100萬、癌症保障100萬、意外保障100萬，二十年總繳保費為745,800元，看起來還是蠻划算的。

不過，各保險公司看護險內容都不盡相同。投保前一定要看清，有些保險公司只理賠八大類疾病，像：漸凍人、巴金森症、小腦萎縮症…對於，因老化導致不能行動者，則不在理賠範圍內。其實，這類老人也不在少數，繳了幾十年的保費才發現不符合理賠資格，也實在令人氣餒。至於，保了險卻不能得到全部保障的遺憾，另一個應對方法就是自己

存錢。依照上述保險公司統計，中風或罹患重大傷病，需人照顧的患者，平均可以活五～十年，乘以每月2.2萬（外籍看護費），大概就可以算出需要多少費用，可以未雨綢繆。

醫療險如果是以附約形式投保，還有一個大多數人，都不知道的情形。就是「當主約保單期滿，附約契約也一併消失」。

舉例來說：王老爹投保二十年繳費終身壽險，保險公司依約在王老爹年滿九十九歲那一年，送上一筆祝壽金，然後解除合約；當王老爹收到這一筆祝壽金後，不但終身壽險的契約解除，保單上醫療險附約也一併消失。即使日後生病或住院，也不能再申請理賠或給付。家族有長壽因子，有機會活到「呷百二」的人，最好購買醫療主險，比較有保障！

X保險公司長期看護終身壽險保單（男性25歲）

險種名稱	保額	年繳	半年繳	季繳	月繳
新長期看護終身壽險	100萬	37,290	19,391	9,770	3,282

契約有效期間內，經醫院專科醫師診斷確定符合「長期看護狀態」，並於免責期間屆滿時仍生存且持續符合「長期看護狀態」者，本公司於免責期間終了之翌日起給付。

癌症險
投保有撇步

1、終身醫療搭配實支實付。2、加保重大疾病或特定傷病險。3、行有餘力再行投保癌症險。

病史誠實告知

一位罹患子宮肌瘤的王小姐，投保了免體檢的醫療險，隔年因子宮出血住院，出院後申請保險理賠，卻被以「未主動告知病史」不理賠，並遭解約，之前所繳25萬元保費，僅拿回7,000多元。

保險爭議，一直層出不窮。根據統計，單是2011年，就有八家公司，99件以「未主動告知病史」拒賠，而產生糾紛案例，單一公司不理賠率，平均都在二成以上。

第四台經常打的着「保證保」的各種險種。如果民眾

如果沒有聽清楚，很可能就會落入陷阱中。保險公司只是「保證承保；卻不一定保證理賠。」

所以投保前有關各人病史，最好還是誠實告知，免得遭保險公司以「未主動告知病史」拒賠；另外，有關保險公司的各項承諾，千萬別只聽信保險員的口頭承諾，一定要白紙黑字，紀錄在合約書中才算數。

團體定期險「福澤親友」

團體定期險是一種「俗擱大碗」的保險，費率比個人的定期壽險更為便宜（壽險部分）。

團體定期險的另一項優勢，是可以連同配偶、子女，一起納入保障之內（包括壽險與醫療險部分）。只是這類便宜又划算的險種，通常保額不會設計太高，大都只有30萬、50萬以及100萬元幾種。以投保最高額度的100萬元，加上醫療險部份，一年保費也不過5,000元，十分便宜，可作為彌補壽險不足之用。

目前許多保險公司所推出的意外險，對於被保險人的職業，大都限定在1～4類，對於第5、6類職業風險較高者，則不願受理。屬於高風險職業者，就可以投保團體定期險方式加保，十分划算。

團險與個人險比較

	團險	個人險
保險費	保費單一，不因職業等級、年齡而增加保費	依據年齡、性別與健康狀況，等條件計算保費
要保人	企業或機關團體法人為代表	自然人
保障期間	必須隸屬於該團體才有保障，一旦離職或離開該團體，保障即終止。	保單有效即享有保障
保障範圍	1、方案不同，可擴及眷屬。 2、通常多為一年期定期險，最高投保年齡為65歲，可續保至70-75歲。 3、通常為套裝商品組合，保障範圍多，保額有限制。（可包含定期險、意外險、住院醫療、防癌險。依方案內容而定）。	1、限被保險本人，部分商品可附加配偶子女。 2、定期或終身險，投保年齡依險種而定。 3、可依保戶需求，量身訂作各種保障範圍，保費也可根據保戶的負擔能力來設計，相當具有彈性。
健康告知	需健康告知	需健康告知或體檢

※資料來源：台灣保誠人壽

會員團體綜合保險案例

項目	計劃一	計畫二	計畫三	子女 以戶計
定期壽險	30萬元	50萬元	100萬元	20萬元
住院日額	500元	1000元	1500元	1000元
加護病房 增加給付	500元	1000元	1500元	1000元
住院及門診 手術津貼	2萬元	3萬元	5萬元	2萬元
團體癌症每日 住院保險金	500元	1000元	1500元	500元
癌症每次手術 醫療保險金	2萬元	3萬元	5萬元	2萬元
癌症每次放射 線醫療保險金	500元	1000元	1500元	500元
癌症每日出院 後療養保險金	500元	1000元	1500元	500元
癌症每日門診 醫療保險金	500元	1000元	1500元	500元
保　　　費	1400元	2500元	5000元	1800元

※資料來源：某壽險公司

微型保單造福特定團體

近幾年，台灣貧富差距逐漸擴大，在M型社會左邊的近貧族，已接近250萬人，占全國人口的1／10強。

近貧族一般對風險的承擔能力很低，往往因為一個工安意外，就讓整個家庭陷入困境。符合資格的人，可以申請政府救濟，但有些社會邊緣人，雖然貧窮，卻被相關法令限制（譬如：有不動產），成了社會安全網的漏洞，這些弱勢族群，估計約有百萬人。

微型保險沒有排他性，特色是保費低，投保簡單，理賠快速，相對的保額也不會太高。主要目的是當保戶發生事故後，讓家人可以領到一筆基本的保險金，解決生活上的燃眉之急，金額雖不大，但卻是他們最需要的。

行政院金融監督管理委員會表示，從2009年開放保險業辦理微型保險，累積投保的人數已經有4萬114人。承保對象為中低收入者、原住民、社會福利慈善團體服務對象、身心障礙者、漁民等。至今已有超過4萬名經濟弱勢民眾，得到基本保險保障。

不過這類保險有限制，不論買多少張微型保單，壽險、傷害險最高保額限制都是30萬元，保險業者表示：微

型保單投保資料，壽險公司都會互相通報，每位保戶不論向幾家保險公司投保，總保額都受30萬元上限管制。

目前共有17家業者推出微型保單，包括國泰人壽、南山人壽、富邦人壽，兆豐產物、泰安產物、國華人壽、台灣產物、台銀人壽、台灣人壽、新光產物、新光人壽、國泰世紀產物、遠雄人壽、國寶人壽、華南產物、富邦產物、三商美邦人壽也都有相關產品。

從各家收費概況來看，定期壽險每年保費約在700～800元；傷害險則多在200元以下，甚至有些每年只繳132元，就可買到保額30萬元的傷害險。

微型保單市場概況

項目	國泰人壽	南山人壽	國華人壽	富邦人壽
險種	一年期傷害險	一年期傷害險	一年期傷害險	一年期壽險
投保方式	團險出單（限26人以上）	個人出單	個人出單	個人出單
投保年齡	15-65歲	1-55歲，最高續保至60歲保單年度末	15-60歲，（續保至65歲）	20-60歲
保費（每萬元保額）	6.58元	第一／二／三類：6/7.5/9元	4.6元（限漁民）	男15.2元/女6元(20歲計)

※資料來源：各壽險公司

你「意外」
保險公司「不意外」
的**意外險**！

基本上意外險的保障，僅限於非由疾病引起的外來突發意外傷害事故，而導致的身故或殘廢，保險公司才會理賠。

意外險打著保費便宜、保障大，投保者眾。很多人甚至以為只要投保意外險，保障就夠了。基本上意外險的保障，僅限於非由疾病引起的外來突發意外傷害事故，而導致的身故或殘廢，保險公司才會理賠，

近年來，藝人拍戲意外頻傳。先是台灣第一名模林志玲摔馬、後有S.H.E的Selina以及齊秦被火燒傷等意外事件相繼發生。如果三位藝人當初都只購買單純的意外險，理賠情形則大不相同。

因為**基本上意外險只在三種情形下有理賠：即發生意外後：1、停止呼吸。2、殘廢。3、重大燒燙傷。**

以林志玲摔傷事件為例：因並未造成上述三項意外中的任何一種，所以就意外險這一項（不包含傷害險），即使投保了6千萬元，也一毛都得不到理賠，很令人意外吧！

至於Selina及齊秦被火燒傷，若符合第三項重大燒燙傷，就可以得到理賠。

依據行政院衛生署的統計，2011年平均每天有18個人因意外而身故，全年有6,700多人死於意外事故，其中又有55％以上的比率是交通意外。以2300萬人計算，機率不算高，也難怪意外險保費如此低廉。

意外險究竟該不該買？依個人條件而有所不同。舉例來說：上無父母、下無子女，夫妻都是上班族，意外險好像就沒有必要！

如果是家中主要經濟負擔者，買個3～5百萬，多加一層保障也不錯！不過，只買意外險，家庭保障是絕對不夠的。

有吃又有拿保費貴三成

國人喜歡「有吃又有拿」。保險公司也順勢推出各類回本型商品，不過平均而言，保費至少貴三成以上，繳費期

滿後，可領回1.0X倍已繳保費，換算利率才0.2～0.5％，連通膨都抵不過。還不如，將保障加大或將保費省下來，做為其他投資用途，或許比較有經濟效益。

意外險投保前必看

1、「確認保障範圍」：因意外險的保障，僅限於非由疾病引起的外來突發意外傷害事故，而導致的身故或殘廢，保險公司才會理賠，所以投保前應了解保障內容。

2、「除外及不保事項」：如意外事故是由條款中的除外及不保事項所導致，保險公司不負理賠的責任。例如：因犯罪或酒駕導致的事故，即屬於除外不保事項。

3、「職業變更通知」：因意外險是依被保險的職業等級決定保費金額，若職業等 級變更時應通知保險公司，保險公司將依變更後的職業等級降低或提高保費，甚至會因職業等級危險性過高而拒絕承保。

定期還本意外險比一比

公司名	中國人壽	匯豐人壽
保單名稱	龍滿意	新大安心
繳費年期	15/20	20
投保年齡（歲）	15-60/15-55	0-55
保障年期	20/25	20
保障內容	◎一般意外1倍保額。 ◎水陸意外3倍保額。 ◎航空意外5倍保額。 （都加計1.06倍已繳保費）	◎一般意外1倍保額。 ◎水陸意外2倍保額。 ◎航空意外3倍保額。 （都加計1.03倍。已繳保
滿期金	◎1.06倍已繳保費	◎1.03倍已繳保費

 終身意外險比一比

公司名	國泰人壽	新光人壽
保單名	新手護平安	安心保本
投保年紀（歲）	0-60	0-60
保障期間（歲）	-105	-110
繳費年期	20	20
主要保障內容	◎一般意外1倍保額。 ◎航空意外3倍保額。	◎水陸意外2倍保額 ◎一般意外1倍保額
滿期金	1.03倍已繳保費	
特殊保障	意外急診、 意外緊急醫療運送	颱風洪水、電擊事 最高5倍保額

	第一金人壽
	真安心
	20
	20-50
	25
	◎一般意外1倍保額。 ◎大眾運輸意外3倍保額。
	◎1.1倍已繳保費（25年期滿才領取）

有山人壽	富邦人壽
意帆風順	新平安福
-60 （6年期繳費5-70歲）	0-60
110	-110
/20	15/20
	◎一般意外1倍保額。◎水陸意外2倍保額。
	◎航空意外3倍保額。◎一般意外1倍保額。
級殘豁免保費	意外住院手術慰問金

意外險百百種！

跟著壽險一起買的意外險，後續比較不會遭到拒買；向產險公司或單獨購買的意外險，由於是一年一期，保險公司有權決定，第二年能否續約。

現在很多「通路」都在賣意外險，除了原本的壽險公司，包括銀行、產險公司以及第四台都來搶食這塊大餅，甚至打著同樣的保額，費用比壽險公司便宜的噱頭。

有些意外險會附加住院醫療，有些則沒有；有一點要提醒大家，如果跟著壽險一起買的意外險，後續比較不會遭到拒買。

跟產險公司或單獨購買的意外險，由於是一年一期，保險公司有權決定，第二年讓不讓你續約。這點須先弄清楚，免得為了節省一點保費，等被拒保，才發現損失大了。

意外傷害險要不要買

如果已經有了醫療險，意外傷害險就沒有迫切的需要；要是沒有其他醫療險，是可以隨著購買意外險的同時，加買意外傷害險。總之，多一層保障，就要多繳交一份保費，沒有白吃的午餐。

五招省保費

國內部分保單費用上調，但多數民眾薪水卻依舊凍漲，「省錢大作戰」再度成為流行話題。投保時一定要精打細算，不要吃套餐，單點自己最需要險種，有時更划算。此外，善用一些小撇步，像是保費採年繳、算準投保年齡等，都有助於節省保費。

產險意外險主約VS壽險意外險附約之比較

意外險	產險公司	壽險公司
保費	便宜	貴
保單續約	不保證續約	保證續約
殘廢等級	11級75項	11級75項
殘廢理賠	意外事故發生180天內造成之殘廢	意外事故發生180天內造成之殘廢
產品種類	基本型、加倍型	基本型、加倍型
保費	700~800元	1000~1200元

※資料來源：各壽險公司

※死殘保額100萬元基本型　※死殘保額100萬元基本型

保障多大才足夠

曾經與一位專門分析風險的專業人士聊天，得到一個結論。台灣首富郭台銘不需要保險，因為郭董身價非凡，家庭遇有任何經濟問題，可以到銀行提領點現金、賣幾張股票或出售一棟房產，問題便解決了。

至於一般人，保障要多大才夠？雖然每個家庭風險不一；不過，根據統計一個家庭發生事故之後，大約需要七年時間才能回復。所以，最基本的算法是以投保人的年薪×7年＝保額（例如：年薪70萬×7年＝490萬）。500萬保障應該是現代家庭的一個中間值。

500萬元保障可以從幾個方面來籌措！

一、勞保給付被保險人因普通傷病死亡，按其死亡當月起前六個月（含事故當月）平均月投保薪資發給遺屬津貼，其給付標準如下：

1、參加保險年資合計未滿一年者發給十個月。

2、參加保險年資合計滿一年而未滿二年者，發給二十個月。

3、參加保險年資合計已滿二年者，發給三十個月。

也就是說：只要參加勞保滿二年以上就可以按平

均月投保薪資，發給遺屬三十個月的津貼。假設：某保險人參加勞保二年後去世，平均月投保薪資為35,000元（35,000×30＝1,050,000萬），勞保死亡給付部分，至少可領到100萬元。

勞保還有喪葬津貼

勞保給付部份，包含了好幾個項目，有老年給付、死亡給付、生育給付以及失業給付等等。

被保險人不幸死亡，按其死亡當月起前六個月（含事故當月）平均月投保薪資，發五個月喪葬津貼（以平均保額35,000元×5個月=175,000元）。由於喪事也需要花費，此部份就不列入。

二、新制勞工退休金（雇主按員工投保薪資提撥6%）

勞工於請領退休金前死亡者，應由其遺屬或遺囑指定請領人，請領一次退休金。

假設老王現年四十歲，加入新制勞工退休金計畫十三年後身故，期間平均薪資5萬元，每月雇主提撥6%（3,000元），自我提撥6%（3,000元），一年共提撥7萬2仟元，十三年一共提撥93萬多，再加上期間的投資收益，估計大

約也可領到100萬元以上。如果勞工已經開始領取月退休金，卻在平均餘命前死亡者，勞保局會停止核發月退休金，由其遺屬或遺囑指定請領人，領回其個人退休金專戶結算實際剩餘金額。

勞保給付與新制勞工退休給付，兩者相加後，不足之額度，就是家庭主要經濟負擔者，至少要投保壽險的保額。

 **五招省保費**

保費採年繳	若無經濟壓力，保費年繳省很大
算準投保年齡	生日過後6個月內加保， 可以少算一歲保險年齡
轉換工作應通知	轉職後工作風險降低 應通知保險公司，降低意外保費
搭公司團保列車	必需在同一家公司任職保障才能持續；但轉換工作可行使「更約權」
不可領回	一般可領回保費較貴

領不到退休金
誰之過？

2012年夏天，「今周刊」以「勞保基金將在二十年內破產，目前三十五歲以下的上班族退休後，有可能領不到退休金」為專題，進行報導，引起眾人恐慌。

在眾人驚魂未定之餘；另一份勞保基金更新的精算報告，爆出更為驚人的內幕「由於勞保基金財務持續惡化，收支逆差時間往前提早到107年。

破產時間也加快四年腳步，提前到116年，也就是2012年五十歲（含）以下勞工，屆時退休恐領不到老年給付，七五○萬名勞工老本沒了。行政院長陳冲在各界強力要求下，允諾三個月後提出勞保修正。至於修正方向不外乎：

> 一、修改退休給付
> 二、提高保險費率
> 三、降低所得替代率給付水準

針對「退休給付」一項。目前平均月投保薪資採「最高六十個月投保薪資」計算，未來將改以「十年、十五年、二十年」或「終身投保薪資平均值」做標準。

此外，台灣勞保退休金的所得替代率與債台高築的義大利、西班牙相近。退休金給付的計算標準，更與瀕臨破產的希臘類似。無論「修改退休給付」、「提高勞保費率」或「降低所得替代率」等「三項」，受影響的都是勞工。政府一定要提早面對「勞保」破產危機，做出因應。

誰是最爽的一群？

勞保年金開辦以來，一共有十九萬八千多人請領老年年金給付，分析到2012年一月底的數據發現，超過半數月領1萬到2萬元，高達二成八月領不到1萬元，合計約有八成勞工月領給付在2萬元以內。

於月領4萬元以上，全台只有十三人，約為萬分之一。沒有所謂「最爽的一群」，或「領很大」的情形；再者這些勞工也都是持續繳交保費達幾十年之後，才符合請領資格。

35歲以下怎麼辦？

報導指出目前35歲以下的上班族，恐淪為「賺最少、

繳最多、領不到」的一群人。年輕人要有警惕，但也不用過渡悲觀，畢竟離退休時間還很長，可以從分散風險著手。

建議方項有三

勞保要繼續繳交：因為勞保除了退休金給付，還包還了：職災、失業、生育、死亡給付……等保障。

新制勞工退休金：除了雇主每月提撥的6％，勞工也可以自提6％，來增加退休金的替代率。勞工退休金新制規定，要參加滿十五年以上，才可以月領。（民國94年開始實施，109年才滿15年。目前還沒有人符合月領資格）。

自己準備：每月定時扣款買基金、買零股或買年金險都是以小錢，為自己準備退休金的方法；不過要記得投資報酬越確定越好。有些金融商品，投資前說得天花亂墜；但都是一些預估值，與最後能領到的金額有很大差距。

無論未來退休金走向為何，年輕人大概會面臨幾個現象。一、不斷延長退休年齡是大勢所趨，世界各國都一樣。二、付很少、給很大的時代結束，「天下再也沒有白吃的午餐」。

未來要靠知識發財

　　許多人都喜歡聽明牌買股票或進行投資。聽明牌或許會讓投資人僥倖獲利一、二次；可是明牌不會次次都靈驗，萬一明牌失靈，可能之前賺到的，全數賠進去都還不夠，甚至會侵蝕老本！舉一個聽來的例子，感覺蠻有道理的，在此與讀者分享：

　　一家科技大廠的業務經理，到國外接洽業務。幾經商談後，接下一筆金額龐大的訂單。這位業務經理，除了第一時間打電話回公司報喜之外，也會順便撥一通電話回家，家人得此利多，就會趕快買進自家企業的股票。

　　公司接此大單，立即召開會議，研發部、採購部、生產線，甚至人力資源室都會參與會議。當會議結束後，叫貨的叫貨，排班的排班，工作到一段落後，也一定不忘打通電話，告知家人趕快買進公司的股票。

　　這其間，外資分析師、法人機構……嗅出異樣後，一定也都會及早佈局。接著公司召開記者會，釋放利多消息。記者前往採訪完畢，得知天大利多，發稿前也絕對會先打電話告知親友，提早買好股票。

最後，新聞見報，小散戶一看XXX接到這麼大的訂單，股價一定會向上噴出，趕忙下單，還不忘「呷好道相報」。

其中，每一次消息傳遞過程中，股價就隨之墊高，以為聽見明牌的小散戶，其實是食物鏈的最下層。雖然消息是正確的，利多也絕對有；但由於最後才接棒，等於買在最高價位，甚至接到的是第一手消息人士的倒貨，才會淪落到一進場就慘遭套牢。

如果確定聽到的是第一手或第二手消息，或許還有機會。若是看報得到的消息，或是身旁張三、李四，買完股票才告訴你的利多，真的是「聽聽就好」，貿然進場，十有八九會變成「最後一隻老鼠」。

「波仕特」線上市調網與媒體業合作「投資習慣問題」調查顯示，股市達人和一般投資人最大不同在於「做功課的時間」。

據調查，將近有七成的投資達人，每天做功課的時間，平均在30分鐘以上；反觀一般投資人，用一樣長時間研究投資理財者，只有一成不到。未來的社會只有靠「知識」賺錢，看得懂就「賺得到」；想當小富翁或小富婆？何不就從每天「做功課30分鐘」開始。

用小錢滾到第一個100萬
定價NT250元

全彩圖解，為上班族量身打造的致富理財書！

*用圖解理財重新詮釋投資

從工作上賺錢不難，難的是自己沒有做好理財規劃，本書重新詮釋投資理財的精隨，並且還把這些精隨整理給廣大的投資大眾。

*存一塊錢才是真賺錢

一般人在進入就業階段，便開始正式接觸理財，金錢的交易行為也較以前頻繁，此時不僅要掌握投資工具或金錢的運用，更要懂得將錢用在刀口上。

*理財致富的獨家祕訣

經過投資市場風風雨雨之後，作者漸漸明白了投資理財真正的內在屬性，而且還探索出了在詭譎多變的理財環境中，立於不敗之地的獨家祕訣。

Enrich